~~PO~~ÉSIES PROVENÇALES

INÉDITES

TIRÉES DES MANUSCRITS D'ITALIE

PAR

CARL APPEL

PARIS | LEIPZIG
59, RUE BONAPARTE | SALOMONSTRASSE, 16

H. WELTER, ÉDITEUR

—

1898

POÉSIES PROVENÇALES

INÉDITES

POÉSIES PROVENÇALES

INÉDITES

TIRÉES DES MANUSCRITS D'ITALIE

PAR

CARL APPEL

PARIS | LEIPZIG
59, RUE BONAPARTE | SALOMONSTRASSE, 16

H. WELTER, ÉDITEUR

—

1898

POÉSIES

PROVENÇALES INÉDITES

TIRÉES

DES MANUSCRITS D'ITALIE

L'ENSEIGNEMENT DE GARIN LE BRUN

L'*Enseignement* de Garin le Brun est connu surtout jusqu'ici par les extraits qu'en a donnés M. Bartsch. Dans le *Jahrbuch für romanische und englische Litteratur*, III, p. 399-409, Bartsch publia d'abord les morceaux du poème contenus dans le *Breviari d'amor* de Matfre Ermengau, et qui correspondent aux vers 30278-30307, 30461-30500 et 30641-30678 de l'édition de M. Azaïs [1]. Puis, dans la troisième édition

[1] Voici la table détaillée des concordances :

Azaïs, 30278-307 = 257-260 ; 271-272 ; 285-290 ; 295-298 ; 243-252 ; 391-394 de notre édition.

Azaïs, 30461-500 = 301-302 ; 595-604 ; 593-594 ; 607-610 ; 613-614 ; 351-354 + 2 vers qui ne se trouvent pas dans notre poème ; 359-360 ; 309-311 + 1 vers ; 361-368.

Azaïs, 30641-678 = 515-522 ; 559-568 ; 587-592 ; 615-624 ; 627-630.

On ne croira pas que Matfre Ermengau ait eu sous les yeux un manuscrit

1

de la *Chrestomathie provençale,* Bartsch a fait imprimer les vers 195-
314 de notre texte d'après le ms. de Milan, et dans la quatrième édition
il a pu ajouter à la même pièce les variantes du ms. de Cheltenham,
d'après une copie de M. Suchier. Si, depuis lors, ce texte intéressant
n'a pas été publié en entier, il en faut sans doute attribuer la cause à
une certaine difficulté de se procurer les copies des deux manuscrits,
qui se trouvent fort éloignés l'un de l'autre, aux bibliothèques de
l'Ambrogiana et de sir Thomas Phillips. Ayant pu copier moi-même
le manuscrit de Milan, j'ai eu encore à ma disposition une copie de
celui de Cheltenham, grâce à l'obligeance de la Société pour l'étude
des langues romanes, qui l'avait fait faire, il y a quelque temps, à ses
frais, et par l'entremise de son excellent secrétaire, M. Chabaneau.

Quant à l'auteur de l'*Enseignement,* on n'en sait guère plus aujourd-
d'hui sur son compte que ce qu'en a pu dire M. Bartsch dans son article du *Jahrbuch.* Les deux manuscrits ne nous apprennent pas le
nom du poète. L'enseignement est anonyme dans tous les deux. Mais
Matfre Ermengau nous dit que les vers qu'il cite dans son *Breviari*
ont été faits par Garin le Brun, et son témoignage nous est confirmé
en quelque manière par la succincte biographie de Garin, imprimée
en dernier lieu dans l'*Histoire de Languedoc,* X, 260 :

*Garins lo bruns si fo uns gentils castellans de Veillac, del evesquat
del Puoi Sainta Maria, e fo bons trobaire; e fo a maltraire* (Corr. re-
*traire?) de las dompnas co·s deguesson captener. Non fo trobaire de vers
ni de chansos, mas de tensos.*

On pourra conclure de cette biographie qu'au temps où elle a été
écrite, on ne connaissait guère autre chose des poésies de Garin que
ce que nous en connaissons aujourd'hui : l'enseignement et la tenson
fictive qui se trouve dans les mss. ABCDD*b*EIKLN. Cette tenson a été
publiée par Raynouard, et réimprimée plusieurs fois d'après son édition. Mais Raynouard n'a consulté qu'un nombre insuffisant de manuscrits. Le texte établi par lui réclame plusieurs corrections. Aussi,
je l'espère, ne jugera-t-on pas inopportune une nouvelle édition [1] de
cette tenson, même quand elle ne reposerait pas non plus sur tous les

qui lui ait présenté les vers dans l'ordre adopté par lui. On supposera plutôt
que Matfre ait changé volontairement l'ordre des vers pour l'adapter à ses
intentions, ou qu'il se soit fié trop à sa mémoire, qui ne l'aurait pas toujours
bien servi.

[1] Je n'ai pu, pour cette édition, me procurer de copies que de six mss. sur
neuf. Les trois qui me font défaut sont D*b* K et N. Ayant pu utiliser I, la
collation de K n'amènerait probablement aucun changement à mon édition;
mais je n'en saurais dire autant de D*b* et de N.

manuscrits. Le lecteur trouvera ainsi réuni dans cette publication tout
ce qui nous reste de Garin le Brun.

Mss. A 180 (imp. *MG* 1306), C 216, D 145, E 177, I 159, L 3. I attribue cette
pièce à Garin lo brun, D à Garin lo brun et Eble de Saigna, C à Gui d'Uisel,
EL à Raimbaut d'Aurenga; dans A, elle ne porte comme titre que : Mesura
et Leugaria). Les manuscrits se divisent en deux groupes; d'un côté, nous
avons A et DI, de l'autre L et CE. La famille ADI est celle qui m'a servi
de base pour la reconstruction du texte. Raynouard (*Choix,* IV, 436) a choisi
le groupe CEL, et c'est naturellement sous la forme de son édition que la
tenson a été reproduite par Mahn dans les *Werke,* III, 289. L'ordre des
couplets n'est pas le même dans les deux groupes ; voici comment les mss.
les arrangent : ADI: 1 à 12, CE : 1, 2, 7, 8, 5, 6, 3, 4, 9a, 10, 9. 11, 12; L :
1, 2, 5 à 8, 3, 4, 10, 9, 11, 12. L'ortographe est celle de C.

I.   Nueyt e iorn suy en pessamen
        d'un ioy mesclat ab marrimen,
        e no sai vas qual part me·n pen,
        aissi m'an partit egualmen
5   Meysura e Leujairia.

II.   Meysura·m ditz suau e gen
        que fassa mon afar ab sen ;
        e Leujairia la·n desmen,
        e·m ditz que si trop m'i aten,
10   ia pros no·n serai dia.

III.   Meysura·m ditz qu'ieu non dompney
        ni ia per dompnas non fadey,
        mas s'amar vuelh, esguart ben quey,
        e si tot cug penre quan vey,
15   tost me·n venra folhia.

1. Nuoitz I; marrimen L. — 2. pensamen IL. — 3. vas]a CE; maten CE,
mipren L. — 4. Quaissi L. — 5. Mesire I. I.
6. Mesura mostra e disz souen L. — 7. Quieu L ; mos L. — 8. l.] mesura
E; lam DE, len L. — 9. E d. CEL; que *manque* C; m'i] seu hi CE. — 10.
no CE; d.] un d. E.
11. que CEL. — 12. donna L; nom D; follei CEL — 13 E CEL; samor
D; e gart I. — 14. Quar CE, Q' L ; t. c. p.] penre uuelh tot CE. — 15. Leu
men segra f. CE.

IV.   Leujayria·m mostr' autra ley :
         qu'abratz e percol e mañey,
         ren non lais de quan bon me sey,
         e si no fatz mas quan far dey,
    20   intre·m en la mongia.

V.   Mesura·m fai soven laissar
         d'escarnir e de folleyar.
         . . . .
         e manhtas vetz quan vuelh donar,
    25   ella·m ditz que non sia.

VI.   Leujayria·m tol mon pessar,
         que·m ditz que ia per castiar
         non laisse mon talan a far,
         que, si tot fatz quan poirai far,
    30   non er la colpa mia.

VII.   Meysura m'a essenhat tan
         qu'ieu·m sai alques guardar de dan
         de datz e de fol e d'enfan,
         e puesc ben soffrir mon talan
    35   d'aiso qu'ieu plus volria.

VIII.   Leujayria no·m prez' un guan,

16 ·m] me E, *manque* L; mostra l. E, mostra tal l. L. — 17 *et* 18 *sont
intervertis dans le ms.* L. — 17 E L; acol AL. — 18 E fassa so qual (quel E)
cor mestey CE, Q' za rē n. l. q' b. me s. L. — 19. Quar CE, Q' L; q. f.] tot
quan C, tan quan E, os (?) quant L. — 20. Intrem nen A, Metam en CE, Intre
en D.

21. l.] estar CE. — 22. De manh (molt E, trop L) rir e de trop ioguar
(parlar L) CEL. — 23. *manque* ADI, Em ueda quan uuelh mal parlar CE,
Em reten de caualgar L. — 24. Ni si uuelh trop mon auer dar CE. — 25.
quem nestia C, que non saia D, quieu estia E.

26. E l. A, Leuszjaria L; mon *manque* ADL. — 27. Em CEL; ia p.] per
trop CE, per L. — 28. l.] dey ges C, denhes E, lassza L; a f.] layssar CE. —
29. Quar CE; tan f. com E; poiria L. — 30. No er L.

31. ensseignha L. — 32. Qem DI; Qalqes mi fai g. L — 33. De fol e de datz
C, De folia de dan E; e d'e.] en de. I.; dafan CE; E de follia e dafan L
(*écrit sur rature*). — 34. sai ben cobrir CEL (*dans L sur rature*). — 35.
De so CE, D' co L; que p. EI; uolia D.

36. Leugariam ditz non p. A, L. non si p. E, L. non p. DI.

si tot non fatz quan mos cors man,
mas tuelha e do e venha et an,
que ia no·m membre d'an enan ;
40   fols es qui s'estalbia.

IX^a. Mezura·m ditz no si 'escas,
   ni ia trop d'aver non amas,
   « ni non dar ges tot so que as » ;
   quar si dava tot quan mi plas,
45a   pueys de que serviria ?

IX.   Meysura·m ditz suau e bas
   que fassa mon afar de pas ;
   e Leujayria·m ditz : « que fas ?
   si no·i·t cochas, no·i consegras,
45   que·l terminis s'embria ».

X.   Meysura·m ditz que sia escas
   e gazanh terras et amas ;
   e Leujayria·m pren pel nas
   e·m ditz que pueis serai el vas,
50   pueys avers que·m faria ?

XI.   Messatgier, lo vers portaras
   n' Eblon de Saignas e·l diras

37. Sieu n. f. so quel cor me (li E) man CE; cor L. — 38. E CEL; M. qe tuoill e pren eueing e an D, Mos........ (*lacune*) e don prencan I; v. et] lauers CL; lauer E. — 39. ia *manque* A; Quar qui plus na plus pren denian (de dun L) CEL (*tout le vers écrit sur rature dans L*).— 40. Flos D; sestablia AD; Qan uena la partia CEL (*dans L sur rature*).

Le couplet IX^a *ne se trouve que dans les mss.* CE — 42a d'· *manque* E — 43a dar] dos E; so] quan C.

42. Quieu C; mos afars L; en ADI, dapas E. — 43. ·m *manque* CL. — 44. fai ades aita (tan E) quan poiras CE, Si non te cuig q' no seras L. — 45. termin sen abria L.

46. Leuiayriam estai de las CE; schars L. — 47. terra D; armas I; E ditz mi e tiram pel nas CE. — 48. nais D; Amicx ben leu deman morras CE. — 49. q p.] p. q. L; seria A; E doncx pus seras mortz (mes E) el uas CE. — 50. Lauers ren nom ualria A, Auers (Auer E) pueys quet f. CE, Del auer qen f. L.

51. Messatgier CE; lo] ces L; porteras L. — 52. A neblon L; saignas *A*, senhas C, sanchas DI, senas E, sanuas L; lom CL, lim E, le I. *Les der-*

si co·l Brus lo·il envia.

XII.   Al partir lo·m saludaras,
55   e_diguas me, quan tornaras,
        qual dels cosselhs penria.

niers 5 vers sont écrits dans le ms. L *avec une encre différente de celle des vers 1 à 51.* — 53. *manque* L; Garins b. A; Si cum bruellon enuiarras C, Si con braillo enuiara E. —54. Al] Et al A; p.] departir E; s.] lauzaras A, laudaras D; *après* 54: E pueys ma douss' amia C. — 55. d.] sapche L; torneras L. — 56. Quals E; conseill D; p.] ne tria E; Quals daquestz dos cosselhs penras C, Q. dest dos p. L. — *après* 56: Quieu uuelh naias la tria C.

La première tornade de cette tenson fournit à M. Bartsch le moyen d'établir l'époque approximative de la vie du troubadour. Nous retrouvons Eble de Saignas dans la satire bien connue de Pierre d'Auvergne, et nous sommes ainsi portés à conclure que Garin est contemporain de Pierre et qu'il appartient au groupe des troubadours anciens. Cette conclusion n'est pas infirmée par ce qu'a dit dernièrement M. Zenker dans son beau travail sur la tenson provençale (*Die provenzalische Tenzone,* p. 38 ss.). Selon M. Zenker, Eble de Saignas et Eble d'Uisel ne seraient que la même personne, le couplet de la satire relatif à Eble de Saignas serait interpolé et ce troubadour n'appartiendrait pas à une époque aussi reculée de la littérature provençale. Mais j'ai fait voir ailleurs [1] que l'argumentation de M. Zenker repose sur un examen insuffisant des manuscrits. La pièce attribuée par lui à Eble de Saignas, sur le témoignage d'un seul manuscrit, appartient peut-être à Eble d'Uisel, mais, en tout cas, n'appartient pas à Eble de Saignas. Le couplet de la satire est certainement authentique et nous n'avons aucune raison de ne pas croire Eble de Saignas et Garin le Brun contemporains de Pierre d'Auvergne. D'après une supposition ingénieuse de M. Chabaneau (*Hist. de Languedoc,* X, p. 350), Garin le Brun serait peut-être le même qu'un Garinus Bruni, qui fut garant, vers 1174, avec Raimon de Baux, Bermon d'Uzès et d'autres seigneurs, d'un serment de fidélité prêté par Bernard Atton VI, vicomte de Nîmes, au comte de Toulouse (Teulet, t. I, p. 108[a]). En effet, la date de ce document ne pourrait pas convenir mieux. Il y a une difficulté, c'est que les noms ne seraient pas absolument identiques.

---

[1] Dans le n° de la *Zeitschrift* qui achève de s'imprimer (xiv, 1).

Mss. Ambrogiana R 71 sup. (G) f. 123; Cheltenham (N). p. 4.

El tremini d'estiu,
 cant foron clar li riu
e·il auçellit salvage
chanteron pel boschage,
5 intrei en un jardin
all'albor del matin.
Lai vi l'erba que broilla
e verdeiar la foilla,
e auzi pels ramels
10 lo dolz chant dels auçels,
que lo merles e·l iais
lai fan voltas e lais
e·l torz e l'auriols
e·l pics e·l rossinols
15 e dels altres granz massa,
don lo dolz chanz s'aclassa.
Lo tems mostret beltat
e·l soleilz fez clartat,
las herbetas recreion
20 e li prat reverdeion;
las fontanas bruisson
e·il rivet esclarcisson.
Chascuna creatura
s'estai en sa natura.
25 Lo iois del tems novel
e·il chant que fan li auzel,
lo cantz e la beltaz
del tems qu'es refrescaz,
mi fan enveia al cor

Pour l'orthographe, j'ai suivi N. — 1. termini G. — 3. auxellet G. — 6. Alarbor G. — 10. chanz des G. — 11. le merlez N. — 13. laurios G. — 15. des G; gran N. — 16. chant G. — 17. mostet G.— 19. E las herbas G — 20. part G. — 21. riu esclarizisson G. — 26. qi f. G.— 27-28. *manquent* G.— 27. cant N. — 28. que r. N.

30   d'alcun novel *demor*,
    e comenz a pensar
    de ioven e d'amar,
    e sobretot d'amor,
    que vai a desonor,
35   car es iugada a mort,
    e si i pren segles tort,
    car hom non la mante
    aisi co s'escove,
    car hom de preç non pessa,
40   ainz plora, can despessa.
    Ioves hom en s'enfança
    pessa de benenança
    e meinz de prez aver
    qe ioven mantener. —
45   Iovenz non a amic,
    que li paubre e li ric
    an tuit pres un acort
    de cobeitat de mort;
    mas qui prez deu aver
50   ab ioven mantener?
    De femnas non son mot,
    c'ant segle mort de tot,
    que pauc n'i a de cellas,
    ni domnas ni donçellas,
55   que ia digon de non
    ab aver c'om lor don.
    Beltaz ni cortesia,
    prez ni chaballaria,
    parages ni alteça
60   ni esfors de proeça
    non val tant en amar
    com poders de donar.
    Amors solia aver

30. amor G, damor N. — 33. damar G. — 34. Qui G. — 35. iuzada G. — 36. Ez i G.— 37. mente N. — 39. pensa G.— 41. Jouenz N; sesfanza G, sesfança N.— 45. a *manque* N. — 46. eil r. N.— 49-50. *manquent* G.— 49. de N. —52. Qel G; mor (*corrigé*, *antérieurement il y avait* mort) G. — 53. daquellas G. — 56. aver] uer N.— 57. Beltat N.— 59. Parage G.

gran força e gran poder,
65 e sobre tota gen
far son comandamen
e d'estraignas contradas
mesclar amors privadas;
cui que plagues façia
70 amar, cant o volia,
car sobre toz parages
era·l seus seignorages;
ar es decaseguda
de son prez, a sapuda.
75 Cobeitaç e putages
l'an tolt de sos ostages,
e plus, d'aiço q'avia
l'an tolt la seignoria,
c'apenas puesc trobar,
80 don plus fort o esgar,
domna c'am leialmen
ni senz galiamen.
Las unas an trop viçi
de penre altrui serviçi;
85 las altras fan faillenças
per avols contenenças,
que·s laissont encolpar
de malvas druz amar.
Tot ço c'amor afina,
90 es avers o aiçina.
Ia per nulla maneira
neguns hom non enqueira
femna de s'amistat
mas li plus aiçinat.
95 Aiçina e avers
fai, on vol, sos placers.
Aiçina fai peccar

---

64. *à la seconde fois:* granz G. — 68. amor G. — 70. o] se G. — 71. tot G.
— 72. Eml seu G. — 74. proreç N. — 76. son G. — 86. contenezas G. —
89. camors G. — 90. amors G, aver N; acina N. — 94. Mes qan les a. G. —
96. Fan G; son G.

e avers folleiar ;
donc soi eu en conssire
100   d'aiço c'ai auçit dire.
Ia per aloniamenz
non lais que non commenz
a dire ma raço
en aquest o sermo ;
105   mas aitant es grevos
l'afanç e dangeros
que paors de faillir
me fai tardar de dir.
Una domna·m semos
110   d'un afar perillos
e·m dis per amistat
que li disses vertat,
saber : per cal mesura
o per cal aventura,
115   ab cal enseignamen,
per cal contenemen
se poiria gardar
domna de folleiar,
que fos de preç saupuda,
120   amada e volguda,
e segon cortesia
gardes de vilania.
A meravilla es bella
lei c'a 'quest plait m'apella.
125   Ioves es la mesquina
e ses toz mals aibs fina,
pros es de gran corage,
rica de bon lignage.
Mentr'estava el verger
130   desoz un oliver

98. auer G. — 102. qeu G. — 103. De G. — 107. Qe per paor G ; paor
N.— 108. Me retrarai a dir G. — 109. Cuna G. — 111. Cu dig G. — 112.
Qenes la ueritat G. — 116 captenemen G. — 117. poria G. — 124 Cil G.
— *Les vers* 125 *à* 128 *se suivent ainsi dans* G: 127, 128, 125, 126. — 125.
Jouenç N. — 127. lignage G. — 128. corage G. — 129 Domens staua G;
Domenz quista N.

e escoltava·l chan
que li auzellet fan,
entrei en pensamen
e fui en marimen
135 con respondes en paz
d'aiço don soi preiaç,
e segon mon veiaire
parles d'aquest afaire.

Amia, ço es causa
140 don hom vanar non s'ausa,
que mout se deu gardar
qui vol altre iugar,
que no·n sia repres,
pois que·s n'es entremes.
145 Toz hom c'altrui enseigna
e si gardar non deigna
d'enoi e de foldat,
leu l'es a mal tornat.
Celui ten om per fol
150 qui de foldat no·s tol,
se cuida altr' ensegnar
e si non sap gardar.
Pero si es usages
c'om los altrui folages
155 sapcha meilz encolpar
que·ls seus de si triar.
Toz hom fora cortes,
s'enaisi conogues
zo qu'es de mal en lui
160 con conois en altrui.
Ben deu hom conseillar

---

131. E *manque* N. — 135. *après* 136 G. — 135. respondez N. — 143
après 144 G. — 144. Post qe nes entrepres G. — 147 à 342 *après* 343 à
440 G. — 147 foldaz G ; soldat N. — 148. Leus N ; li es G. — 149. Aquel
G. — 150. Que N. — 151. Si G ; altrui N. — 153. sie usaçe N. — 154.
folaçe N. — 155. Sapchal G ; Sacha N ; meil N. — 156. Qel G ; destriar N.
— 161. de N.

son amic e son par
de leu causa e de gran,
se conseil en deman.

165   Leis es del tems antic
c'om conseil son amic
e que el conseil prenda
de tota sa façenda.
Qui quer conseil e cre,

170   toz tems l'en penra be.
Savis hom s'aconseilla
e·l fols serra l'aureilla.
Savis hom ama apenre
e·l fols ama contendre.

175   Segon aquest iuici
farai lo meu serviçi.
Tant com mos senz m'aonda,
ai talant que responda
a lleis que·m quer conseil;

180   mas hom no·s meraveil
car dels altrui mesters
me soi mes conseillers,
mas ben pot menestrals
en eus los seus iornals

185   d'altrui tal causa apenre
on se poira atendre.
Le maistre que pein,
vol ben c'hom l'en enscin,
que calque causa faça

190   per que sobreplus plaça;
cil c'ant d'obra maneira
pernont d'altrui mateira
don fan entaillamenz
qu'es meravillos senz.

163. granda G. — 164. Que N; l'en demanda G. — 167. qe çel G.— 169-170. après 174 G. — 169. el G. — 170. lin uerra G. — 171. se conseilla N. — 172. fol G. — 173. aprender G. — 177. Tan quan G; m' manque G. — 179. qim G; q.] conqer G. — 180. nous G.— 181. mescres G. — 183. Car G. — 184. lo G. — 186. O sen parca a. G — 187. pin N. — 188. Vos N. — 189. qalqe] tal N. — 191. Eil G. — 193. Non N.

195   El primer cap, amia,
es mos talanz que dia
tota la contenença,
si c'om no i trob faillenza,
que domna deu aver,
200   c'aiço fai a saber.
Lo matin al levar
se deu gran soing donar
que sia frescha e clara
sa colors e sa cara,
205   e que non i remaigna
tals res que non s'ataigna.
Pois sia sa camisa
qu'es aprob lei assisa,
blancha, molla e dolguada,
210   car estai aizinada
pels flancs e pels costaz.
Pels altres luecs privaz
deu esser d'aital mena
qu'en aital luec covena.
215   Tuit sei altre apareil
segon lo meu conseil,
de calque mena sion,
esgar que ben estion
pels flancs e pels costaz
220   e pels pes e pels braz.
Sei sollar per mon grat
sion petit dolgat,
que non parescon gran
sei pe ni mal estan;
225   e de son afiblar
se deu gran soing donar,

195. c. p. G.—197. capleneza G. —198. noill G.— 202. granz G.— 204. color G — 206. Tal re G; si tegna G.—207. sa *manque* G.— 210. azinada G. —211. Dels G; dels G. — 212. Dels G. — 214. Com G; convegna G.— 218. EschaitG.—221. sollar pel G.— 222. Siun un G. — 224. Ne sion m. e. G; pei N.— 225. afublar G. — 226. granz G.

que non esti'en fol
sos mantels a son col
ni semble soiseupuz,
230 can li er al col penduz.
Sas serviris privadas
sion gent enseignadas
e sapchon senz orgueil
servir, c'aital o voil;
235 e de sa liadura
se sapchant donar cura;
son pel ahordenar
sapchan et entrenar;
e s'on gen las apella
240 de neguna novella,
sapchon se ben defendre
e gardar de reprendre.
Can il ira al san,
aia ab se tal compan
245 que ges d'ancta no·il faça,
cui que trob en la plaça.
Il an dreit e soau
e a petit d'esclau,
que non es cortesia
250 que domna an tost per via
ne trop faça gran pas
ni per annar se las;
si es en palafren
sia aitals com conven,
255 e si ben o espleita,
an gentement e dreita.
Dinz sa mason eschai
a lleis que ben o fai,

AZAÏS : 243. E quant i. als Sanhs. — 244. Sia tals lo companhs. — 247.
Et. — 248. de p. esclau. — 249. Quar. — 252. Que — 258. b. o] tot ben.

228. matel G. — 231. Sa GN. — 234. noil G. — 237-38 *manquent* G.
— 240. De guna N. — 243. sain G. — 244. compain G. — 249. c.] de c.
N. — 251. Qe G. — 254. aital G. — 255-56. E an tost o espleita Ardiament
e dreita N. — 258. bon e f. N.

que sia a tota gen·

260 de bon contenemen,

e als mals e als bos

sia de bel respos;

no i sia connossen

ira ni pensamen,

265 desasi ni nesera,

per niguna mainera.

Cals que veigna ni an,

en leis trob bel scemblan

e bon acuillimen;

270 mas non tuit egualmen;

non sion tuit egual,

li bon aisi co·ll mal.

Tal i a que non gara

cui es humils ni cara,

275 ni non sap ges triar

cals hom fai a honrar;

mas aquo non es senz,

ainz mals enseignamenz

e uns tocs de follage

280 que revert' a putage.

Mout se deu apensar

cil qui ben o vol far,

en cui plus abandon

sa bona acuilliçon,

285 que mout home seran,

s'om lor fai bel scemblan,

que faran demanes,

tant seran mal apres,

contes de s'amistat

Azaïs : 260. aculhimen. — 271. Mas non sian tug engal. — 285. Quar.—
286. Que. — 287. Ques. — 289. Coindes.

260. captenemen G. — 263-66. *manquent* G. — 265. Des asini n. N. —
269. A G. — 271. esgual N.—273. qi G.—274. humilis G. — 278. mal G.—
279 toes *ou* tors G. — 280. putagne G.— 282.Cel G. — 285. homes des-
pres G. — 286-87. *manquent* G. — 288. I seran m. a. G. — 289. Sils fai
semblan honrat G.

290   e·n levaran gran glat.
    De moltas guisas son
    divers home pel mon
    que se fan a honrar
    d'acuillir e d'amar.
295   Als altres non tain gaire
    ni no deu hom trop faire,
    c'ab un breu saludar
    pod om tan gen pagar
    que's tenran per graziz
300   e per gen acuilliz.
    Si hom vos ven vezer,
    ab somos de secer
    vos dreçaz contra lui,
    mas esgardaz ves cui,
305   c'assas son destrian
    homen a llor scemblan.
    Si·us par cortes ni pros,
    faiz lo seçer las uos ;
    mas non siaz laugeira
310   que ia parlez primeira
    de negun gran solaz ;
    mas solamen si·l plaz,
    lo somonres que·l iorn
    remaign' a aquest soiorn.
315   E sapchaz son afaire
    que·il plaz o que vol faire.
    E si per vos *vengues*,
    faiz li moltas merces ;
    si de plus vos apella,

Azaïs : 295. Per que non lor tanh g. — 296. Ni lor devon t. f. — 298. Los podon g. p — 301. Donas, quieus ve vezer. — 309 E. — 310. ia p.] p. ges.— *après* 311 : Que falhir hi poiriatz.

290. leueran GN. — 292. homes G. — 296. *manque* N. — 297. b.] orcu G. — 298. Podon G. — 299. ten tan G ; grazir G, gariz N. — 303. dreçes N. — 304. M. ben gardaz G. — 305. de truan N. — 306. homes G. — 308. seger G. — 310. parlaz N. — 311. denun granz G. — 313. somones G, somoires N. — 314. aques N. — 316. faie N. — 317. v.] ges G, ies N.

320   escoltaz que favella.;
       no·il vedez vostr'aureilla,
       se el ab vos conseilla,
       ni·l respondaz irada,
       se sos diz no·us agrada,
325   c'assaz se pot breumen
       partir de parlamen
       e desloingnar solaz
       domna, can non li plaz.
       Mas si ssos parlamenç
330   vos es ben avinenç,
       amia, siaz li
       de bels diz autressi,
       car bels solaz ab rire
       e placers, qui·l sap dire,
335   zo es esca d'amor,
       per que son li amador
       plus leu en amistat
       enpres e enlaçat.
       Non faças trop viutat
340   de parlar anonat,
       que mais val uns taisars
       assaz c'uns fols parlars.
       Ni tot ço que us acora,
       non demostrez defora,
345   que non fail hom enanz
       cel que sec sos talanz.
       Moltas vez ai parlat
       que volgr'aver laissat
       en res que m'agradera,
350   car sai que mos danz era.
       Far devez tota via
       de parlar carestia,
       que meilz venont de grat

Azaïs : 351. carestia. — 352. tota via.

321. uedaz uestra N. — 323. respondez G. — 324. *manque* N. — 332 bel
G. — 333. bel G. — 335. esca] can G. — 341. un G. — 344. demostraz N.
— 346. seg G.— 348. auier N.— 353 v.] uenn G.

dich que son apenssat,
355 e mais vol hom auçir
qui fai tardar de dir.
Parlaz de domna conga,
se·n auses gran vergonga,
bonamen e en pas,
360 ni trop aut ni trop bas.
Non prendaz ia compaigna
ab tal que no·us ataigna,
ne siaz ia privada
de menua maisnada.
365 Qui privada se fai
d'ome que non s'eschai,
lo li es a mal tengut
e en fai levar fol brut.
E bona domna vueil
370 c'aia un pauc d'orgueil,
non per desmesurança
mas per bella semblança
e per far espaven
alla malvaza gen.
375 Dich e faich amoros
ab semblan orgoillos
fan a meravillar,
qui·ls pot ensems trobar.
Ben sai c'a nulla re
380 mas orgueils non cove,
mas de domna val mais
sos prez en mouz essais.

Azaïs : 354. D. quan s. be pessat. — *après* 354: Don devetz loc gardar
E quant er loc, parlar. — 359. en p.] dapas. — 360. Non. — 361. Ni pren-
guatz gran. — 362. no vos tanha. — 363. trop, — 365. Qui tropprivadas f.
— 366. nolh eschay. — 367. Leu lh'es; tornat. — 368. E f. l. f. glat.

354. Digz G.— 355. hom *manque* G.— 356. cardar G. — 357. Parlar GN.
— 358. So N; Ço auch es G. — 360. *manque* G. — 361. ia] granz G.— 362.
tals G. — 366. qi G. — 367. li] lei G. — 368. En G; lauar G; bruitG. — 369.
De G. - 370. petit G. — 371. N. es de mesurdança N.— 372. M. es genzers
N. — 375. Diz e faiz G. — 379. sa qe n. G. — 380. Mais G; orgueil N. —
382. mull G.

Domneiaire malvaz
en ten mais son solaz,
385 e cil qui sont cortes
enseignat e apres,
l'en volont mais vezer
e auzir son saber,
e plus n'es desirada,
390 cant se fai veziada.
Domna voil sia gaia,
pois que per prez s'essaia,
c'ab un pauc de gaieça
ven a mais de proeça.
395 Talanç de domna gais
met son cor en pantais
de tota ren a faire,
de son preç sia maire.
Gaieza ama solaz ;
400 chanz e deportz li plaz.
Iois e ris e demors,
per que s'alegra·l cors,
voillaz totas saços
aver a compagnos.
405 Ira de lei s'estraigna
e loin de sa compaigna.
De nulla causa irada
gaieça non s'agrada,
ni per nul pensamen
410 non chania son talen,
que ia se·n desconort
ni·n perda bel deport ;
mas cel a cui s'aten,
fai ades conoiscen ;
415 ves cal que part que teigna

Azaïs : 392. Mas en bon p. — 393. Qu'an. — 394. En a.

383. Domneïare N. — 384. ten G ; sos G. — 390. Con G ; veada N. — 398. Pe N.— 399. solaza G. — 400. deport GN ; plaza G. — 401. edamors N. — 402. salegrat G. — 407. niulla G. — 410. cambia G, change N ; son *manque* G. — 412. Ni p. G. — 413-14 *manquent* G.— 414. coinoscen N.

cil o cel a cui reigna,
toz tems er iauzionz
e ira sans e monz
e sobreconoisenç
420   e sos enseignamenç.

Amia, si voleç
venir a mais de prez,
de cortesia us prec,
car cel qui la persec,
425   n'a prez de tota gen,
s'en cortesia enten.
Cortesia es tals,
se voleç saber cals :
qui ben sap dir e far
430   per c'om lo deia amar,
e se garda d'enueis;
cortes pot esser pueis
qui sap foldat chausir
e ennuei eschivir
435   e far ço c'altrui plaça,
cortesia·l solaça.
Mas ges toz hom non es
c'hom apella cortes,
anz sont vilan proat,
440   tal son cortes clamat.
Lo monz es comunals,
mas en manz luecs es fals ;
tals lo diz e·l mentau
que non sap que·s abau.
445   De cortesia es leus
lo diz e·l teners greus,
qu'en moltas guisas meira

---

417. Ttor te*n*s G. — 418, irauu G. — 420 E fo faz ner maneus G; son enseiçnamens N.— 424. cil G ; perfec N.— 425. de] per N.— 426. senten G. — 434. Ez G; escharnir G. — 436. *manque* G. — 404. Tals N; sou *manque* G; cl.] enoiat G. —.441. m.] raonz (?) G.— 442. maiut G. — 443. meutua N. — 444. abua N.

e en molta maneira;
de se fai maintabrancha,
450 mas en pauc luec s'estancha ;
per que nuilz hom non es
toz finamen cortes.

. . . .
. . . .

455 Non son ges tuit engual,
mas qui mais n'a, mais val.
Cortesia es en guarnir
e en gent acuillir ;
cortesia es a'onrar
460 e es en gen parlar ;
cortesia es en solaz ;
e cil qui mais me plaz,
e cant s'era saçons
se tot me grava sons,
465 eu dire non poiria
segon que dir volria.

Gardaz vostre garnir,
no·n posca hom mal dir,
ni no·us sia retrait
470 que per vostr' avol fait
vailla vostre prec meinz,
que mout es granz blasteinz
a domna e granz rancura,
can de se non a cura.
475 Pauc sera qui·us complaigna,
s'o ve que non vos taigna,
e pauc qui·us tegna car,
si·us volez despreçar.

448. Ez G ; minerra G. — 449. sei G. — 453-4. Lun an una partida Ez als autrescarida G, Lun an uita partida E li altres escarida N. — 455. esgual N. — 456. que N. — 457. Cortesie G ; es] el N. — 458. Ez G. — 459. donnar G, damar N. — 460. de G. — 462. Cel G. — 466. queu G ; deuria N. — 468. puosc h. m. aibir G. — 470. per strauol N. — 471. vailla *manque* N. — 472. gran N. — 473. e] es N. — 475. qis G. — 477. queus N.

      Domna voil que·s don soin
480 plus que d'altre besoin
    de son cors car tener
    tan can n'aura lezer,
    de coindamen annar
    e de gen afublar,
485 de far moltas saçons
    estraignas garniçons
    e novels apareilz,
    c'aitals es mos conseilz,
    segon qu'en sa contrada
490 sera acostumada.
    Per ço que gen l'esteia,
    altras n'aion enveia
    e n'aprendon a faire
    so c'auziran retraire.

495 Domna voil que·s conteigna
    de guisa que·s conveigna,
    sa cara e son cors
    e·ls garnimenz defors,
    e que l'una beltaç
500 si'a l'altra solaç;
    mas ges be non se taing
    maracdes en estaing;
    jargonça ni sardina
    ni altra peira fina
505 non par c'aia mester
    qui la met en acer;
    de domna es autressi
    com del maracde fi,

479. queus doug G. — 481. cor G. — 482. con nautra G. — 483. coindamen N. — 484. asublar N. — 489-90. *manquent* G. — 491. lestia N.— 492. noion G. — 493. naprendonc N. — 494. Cho G, Jo N; — 495. vol N; ategna G. — 497. Si G; sos GN. — 498. El g. GN. — 501. sataing G. — 502. Smaragdes G. — 503 *et* 504 *ont échangé leurs places* G. — 503. Jagonza G. — 508. maracdes G.

can se met en viltat
510   e veillessa beltat.

En vostre acuillimen
faiz un esgardamen,
que·us er tengut a be,
si·us n'acordaz ab me :
515   segon c'homen veirez,
d'eis scemblan li serez ;
cant sabrez son talan,
siaz li d'eis semblan ;
siaz gaia ab los gais,
520   e valrez en trop mais,
cortesa ab los cortes,
e sera vos granz bes ;
ab cels c'amont deport,
siaz de bel conort ;
525   ab cels c'amont cantar,
vos devez alegrar.
Vers novels ni chanços,
qui las diz denan vos,
escoltaz volonteira,
530   e plaça vos, a teira
voillas..... saber,
se podez retener ;
e si non podez toz,
tenez los meillors moz,
535   qu'en massa locs coven,
e dic vos qu'esta ben,
cui en pot remenbrar
en loc on fai a far,

Azaïs : 519. ab l.] als.— 520. ne.— 521. E cortez' als c.

509. m.] ten N, —510. En G. — 513. Qi us G; tenguz G. — 516. Del G,
Dels N. — 518. li *manque* G; duns G, dels N. — 520. ne G. — 521. Cortesia N.— 525 *et* 526 *manquent* G. — 528. diziz G. — 530. tera G.— 531-2
après 533-4. G. — 531. E voillaz lo s. G, Voillas la toz s. N. — 532. Sels
sabez G. — 534. Guardaz G. — 535. mantes G; sauen G. —536. qu'esta]
aquo G. — 538. a f. *jusqu'à* 539. loc *manque* N.

ni en son loc retrai
540 un mot, cant si escai.
Joglars e chantadors,
que paraulan d'amors
e canton sons e lais,
per que l'om es plus gais,
545 e meton en corage
de tot prez vassallage,
retenez amoros.
Se quer aver de vos,
o ab dar vostr'aver
550 o ab altre placer
lor faiz tan bella enseigna
per que talanz lor preigna
que digan de vos be.
Ia non agas vos re,
555 vostre noms n'er saupuz
e plus loing mentauguz ;
en molz locs n'aureç preç
qu'eissa vos non sabreç.
Mas entre homes sennaz
560 devez estar en paz ;
savi contenemen
devez far en parven
e gardar de trop rire
e d'altras foldaz dire.
565 Rire, cant non a luec,
torna tost a enuec.
Saçons es c'om deu rire
e sazons c'om conscire,
sazons c'om sia gais

Azaïs : 560. esser.—563. gardan.—564. E de foudat a d. — 565. Rires.
— 566. en.

542. Qes G ; paraulas G, paraula N. — 543. son G. — 547 *et* 548 *ont*
échangé leurs places G. — 547. lamoros G. — 548. de] a G. — 549. ab]
a G. — 553. Quaie N ; digna GN. — 554. Ab que non sapchaz re G.—557
molt G ; bes G.— 558. sabes G, saureç N. — 561. Sauis G. — 565. lueg G.
— 566. enuog G. 567-8. *manquent* G.— 567. es *manque* N ; de N.

570 e sazons c'om se·n·lais.
    Per aiço dic a vos
    que·n creças a estros
    qui sa gardar mesura
    en chascuna figura,
575 car li auzellet tuit
    non vivon ges d'un fruit,
    ni tota creatura
    non viu d'una pastura,
    ni tuit homen que son,
580 non son d'una faizon,
    car li un volon pauça,
    li altre gab e nauza,
    li altre totas vias
    parlar de leugarias,
585 li altre an lor enten
    en altre enpensamen.
    Qui entre homes sennaz
    vol trop parlar foldaz
    ni entre fols granz senz,
590 non es res, mas nienz.
    Fols non sap que responda,
    qui de sen l'aprionda.
    Qui sabis es ni mois,
    fol al parlar conois.
595 Vos al començamen
    gardaz primeiramen
    qui es ab cui parlaz ;
    sas paraulas augaz,
    e segon c'auzireç,
600 e vos li respondreç,
    qu'en eus lo seo parlar
    vos podeç asennar

Azaïs : 589. entrels.— 590. Non es ben conoissens. — 593. Car homs savis
e m.— 594. fols.— 601. Qu'auzen l. s. p.

570. sia l.N.—571. aquo G. — 572. estors N. — 573. Qe g. deu m. G.
—579. qi G. — 582. Laltre N. — 586. Eill G. — 590. res] al G — 591.
Fo G.— 597. a G. — 600. respondeç N.— 601. seu G.— 602. asenar G.

cals ataing lo respos,
se es mals o es bos;
605   que tals pot esser cel,
perduz sera en el
adreiz moz, qui li diz,
e bos iocs sebeliz,
que no·l sabra triar
610   ni, si·l conois, menbrar;
e bons diz es perduç,
can non es entenduç,
c'a tal deu esser diç
per cui sia chausiç.

615   No·us semble pauchs guaçaings
d'onrar homes estraings,
ainz lor faisz bel semblan
oltra vostre talan,
e mais lor faisz veiaire
620   que non lor volez faire.
Mout fai bona gaçaigna
qui per bella conpaigna
pot retener amics;
car non es nuillz destrics
625   ni messions, no i tagna,
qui de blandir se laigna.
S'uns cavalers valenz
se part de vos iausenz,
toz tems mais a sa vida

Azaïs : 603. hi tanh. — 604. Si cove mals o bos. — 607. E qui bo mot li d.
— 608. Es en lui s. — 609. Quar nolh sab ges. — 613. tals. — 614. que;
gauzitz. — 616. Honrar. — 617. faitz lor donc. — 620. volrez. — 621.
Quar mot azaut g. — 622. bona. — 623. gazanhar amic. — 624. E noi pren
nul destric.

605. Qaitals G. — 606. fera N. — 607. Adreich G, Abreu N. — 608. bon
moz N; sabeliz G. — 609-610 après 611-612. N. — 611 d.] iocs G. — 613.
Caital G; dit GN. — 614. chausit G, dauzit N. — 615. pauc G; guaçaing N.
— 616. Damar G; estraing N. — 623. retenir G. — 625. mession no t. G.
— 628. par G.

630 . sereç per lui iauçida;.
      mais en veran a vos
      dels malvaz e dels pros
      escoltar e veçer;
      e per solaz aver
635   vos faisz scemblan que·us plaça,
      — e dels cortes si faça, —
      e si locs es, faisz lor
      zo qu'es prez e honor,
      de guisa que non sia
640   semblan de leugaria
      ni poschon feingnedat
      dire senz falsetat.
      Cil c'anc no·us viron mais,
      vos tenran en pantais
645   de talant e d'enveia
      chascuns per ço que·us veia,
      e diran vos, ço cut,
      que per vos son vengut,
      car lor eras preçada
650   e de beltat lauçada.
                  Donna !

Azaïs : 630. grazida.

631. Mals N. — 632. maluais G. — 638. Cho. G. — 641. Ni no p. feindat G.
— 644. teran G. — 647. co N; cuch G, cuit N. — 650. laucada N. — 651.
manque N.

16. *sé aclassar* « faire du bruit, retentir », mot qui dérive de *clas*
(it. *chiasso*), manque au *Lexique roman* de Raynouard.

19. *recreion*. On voudrait identifier le verbe *recreiar*, dont vien-
drait *recreion*, avec le verbe *regreia* qui se trouve dans Mistral: « ger-
mer de nouveau, reverdir » (*regrea* Var, *regrelha* Lguedoc, *regreieja*
Rhône). Il y a pourtant des difficultés, c'est qu'il faut probablement
réunir *regreiar*, dont l'étymologie n'est pas encore bien établie, à
l'espagnol *grillar*, port. *grelar*, et on ne voit pas bien comment trouver une origine commune à ces mots et au vieux provençal *recreiar*.

30. Il paraît certain qu'il faut lire *demor*, la rime demandant un
o ouvert. — 38. *Escovenir* manque au Lexique.

40. Corr. *Ni ?* — *despessar,* comme verbe intransitif, manque au *Lexique roman.*

41. *s'esfança* dans les deux mss. S'il fallait accueillir cette forme, on y verrait plutôt une manière d'écrire *(sf = ff)* qu'une particularité phonétique.

45. Corr. *Ioven ? non a amic.*

49. Lisez *qui deu prez auer ?* — La forme *de* au lieu de *deu,* laquelle est dans N, s'y retrouve aux vers 161, 567; il paraît qu'elle a appartenu au dialecte du copiste.

69. On voudrait lire *que l* au lieu de *que,* mais voyez la même absence du pronom aux vers 160, 298 et 532.

77-78. Ces vers ne peuvent guère être acceptés sans correction. On né voit pas ce qu'ils disent de plus que les deux vers précédents. Mais comment faudra-t-il lire? [Peut-être *E pus aiço...,* en corrigeant *A penas* au v. 79. — C. C.]

80. Corr. *on* ou *con,* pour *don ?* Le sens est en tout cas : « Quand j'y regarde le plus attentivement. »

105. *grevos* « pesant, dur », manque au Lexique.

113. *saber* « savoir: », emploi du mot dont on ne trouve pas d'exemple au Lexique.

122. *gardar,* comme verbe intransitif, manque au Lexique; ou faut-il lire *garde s ?*

136. Corr. *foi* pour *soi ?*

191. *obra* ici « l'œuvre, le travail du sculpteur » ?

210. Corr. *estei* ou *estej ?*

213. *covena = covenha.* Il paraît que Garin n'a pas prononcé le son mouillé. Ainsi les formes *san, compan,* 243, 244, appartiendront à l'auteur, pas au copiste.

225. *afiblar,* v. 484 *afublar,* manque au Lexique. On en trouve d'autres exemples dans Stichel : Beitraege zur Lexikographie des altprov. Verbums, Marburg, 1888, p. 10.

229. *soiseupuz* « pris au hasard, ramassé, volé. » [Ou mieux *emprunté,* comme on le dit d'un habit gauchement porté ou de la personne qui le porte. — C. C.]

255, 256. La leçon de ces deux vers n'est pas bien certaine. Celle du ms. N, lequel, généralement, nous fournit le meilleur texte, ne pourrait être acceptée sans correction. J'ai donc préféré G, qui, peut-être, n'est pas correct non plus. [Je préférerais garder la leçon de N, sauf à corriger *o* qui, à la vérité, se trouve dans les deux mss., en *a.* La locution adverbiale féminine *a espleita* existe aussi en v. fr. (*a esploite.*) — C. C]

263. *connossen* « connaissable, perceptible », voy. Tobler, Vermischte Beitraege, p. 34, 35. Comp. *destrian,* v. 304 « distinctible, qui peut être distingué. »

265. *desazi* = *desaizi*.

279. *tocs* ou *tors?* Si l'un et l'autre mot sont possibles, ni l'un ni l'autre n'est commun dans l'acception qu'il aurait ici.

284. *acuilliçon* manque au Lexique.

296. Corr. *no·n?*

298. Voyez la note du v. 69.

331. *li* tient lieu ici, pour la syntaxe et pour la rime, du pronom absolu.

340. *anonat* ne se trouve, à ce qu'il paraît, qu'ici. Je ne sais pas l'expliquer. [Lire *a non at* = sans nécessité? — C. C.]

341. *taizar* = *taisser* « se taire », se retrouve dans la *Chrest.* de Bartsch, col. 105, comme variante du vers 4, prise du ms. C. Il paraît donc que la forme a existé, comme elle existe en provençal moderne.

343. *acorar* « toucher au cœur, intéresser vivement »; le mot manque dans Raynouard; voy. l'excellente critique du livre de Stichel, Beitraege zur Lexikographie, etc., par M. Levy dans le Literaturblatt für germ. und rom. Philologie, 1889, col. 417 s.

356. *fai tardar* = *tarda.* Voy. Tobler, Vermischte Beitraege, pp. 19 ss.

381. Corr. *de domn'en val mais?*

384. Corr. *en tem?* « il en craint plus le soulas d'elle », c.-à-d. il en craint plus de chercher son plaisir auprès d'elle; voy. v. 373. [Je crois qu'il faut entendre : « Il en craint davantage sa compagnie, son entretien », signification très ordinaire de *solatz* (à cause des reproches qu'il recevrait d'elle). — C. C.]

392. *sé essaiar per alc. re.* construction qui ne se trouve pas dans Raynouard.

398. J'avais mis *de son preç si'amaire,* en prenant pour sujet *talanç gais* (v. 395). M. Chabaneau a, sans doute, raison de traduire : « toute chose qui (le relatif sous-entendu) soit mère de sa valeur. »

403. Corr. *vol a t. s.* Le sujet est *gaieza* (v. 399).

406. Corr. *e logna sa c.*

416. Corr. *ab* pour *a.*

434. *eschivir* manque au Lexique.

441. Corr. *Lo noms* pour *Lo monz* N, *Lo raonz* G.

447. *meirar* « changer, être différent », du lat. *migrare,* voy. Mistral *meira* « remuer, changer de lieu. »

453, 454. Je ne comprends pas ces deux vers, qui peut-être sont corrompus dans les deux manuscrits. [Peut-être

L'u n'an *rica* partida
E li altre escarida.

« Les uns en ont une grande part, les autres une petite (de la courtoisie). » — C. C.]

457. *Cortesia es* ne compte ici et au vers 461 que pour trois syllabes, ce qui est fort étrange ; mais, les deux manuscrits étant d'accord,
je n'y vois pas remède.

459. Le texte de ce vers-ci n'est pas sûr non plus. Dans les vers
correspondants, le poète dit toujours : « courtoisie consiste en..... »
La préposition *de*, qui se trouve ici, donne lieu à douter. Encore le
dernier mot du vers n'est-il pas certain Peut-être faut-il lire *domne-*
jar (*E es en domnejar*) ; voy. *domnejar*, en parlant d'une dame, Azemar de Rocaficha, I, v. 24.

462 ss. « Et celle (*cortesia*) qui me plaît le plus, je ne la pourrais
pas expliquer selon ma volonté, quand même le temps s'y prêterait
malgré le souci qui pèse sur moi. » Pour *son* = *sonh*, voy. la note du
v. 213. Ce qui est à remarquer, c'est que l'*n* de *son* devrait être
« fixe » et celle de *sazon* devrait être « mobile » ; pourtant les deux
mots riment l'un avec l'autre.

490. *acostumada,* voy. Mistral *acoustumado* « accoutumée, habitude. » [Je pense qu'on a plutôt affaire ici au participe passé, en tant
que tel. — C. C.]

503. *jargonça* manque dans Rayn.

531. lisez *voillas los toz saber* ou *v. totas s. ?*

535. *massa locs ;* comp. ed. Stimming, 6, v. 5. Bertr. de Born,
massa solatz.

539. Au vers 537, le pronom est régulièrement *cui ;* ici on deman-
derait *qui.*

548. Remarquez que la construction passe du pluriel au singulier.

573. *Sa* (s'il ne faut pas corriger *sap*) est formé d'après l'analogie
de *aver* (*sa : sai* = *a : ai*).

586. *enpensamen* manque dans Raynouard.

592. *apriondar* « approfondir (le savoir de qu.) » manque au
Lexique dans cette acception.

593. *mois* « fin ».

602. *sé assennar* manque dans Rayn., voy. Mistral *assená* « ren-
dre sensé. » [Je verrais plutôt ici l'équivalent du fr. *asener*, toucher
(au but), d'où deviner, comprendre, juger. — C. C.]

631. *veran* = *venran.*

641. Dans Rayn. on ne trouve que *feintedat.*

Bartsch, *Grundriss*, n° 2, 2. — Ms. D 142. — Les vers 1 à 12, 25 à 32 sont imprimés dans Rayn. *Choix* 5, 1; Mahn, *Werke* 3, 348.

N' AIMARS JORDANS

———

　Sj tot m'ai estat loniamenz
　guerreian ab mon mal seingnor,
　e pert lai entre mos parenz,
　....... c'uns no me·n acor,
5　　ges non lais per tan
　　qe solaz e chan
　　no sega e domnei,
　　si tot me guerrei.

　Anc guerra no·m fo espavenz
10　ni mals traitz, per so c'a honor
　pogues estar entre las genz,
　ses maldich de fol parlador;
　　c'als non vei qe n'an
　　li ric, qant se·n van,
15　　per q'eu o plaidei
　　segon so qe·n vei.

　Bons cavals e bons garnimenz
　am mais qe non faz ioc d'austor;
　mas dels deseretaz sostrenz,
20　qui, ·l·malvaz, no·m fan paor,
　　mi torn' ad affan
　　qui me·n van parlan,
　　e non am ni crei
　　lor aunida lei.

10 traies. — 21 tor.

25 Puois qe·l vescoms m'es avinenz
   e·m rete per son servidor,
   molt li serai obedienz;
   e llo coms non aura peior
     guerrer a son dan,
30   q'eu non ai talan
   mas de far qe·ill grei,
   on q'an ni estey.

---

4. Vers trop court de trois syllabes.

19. Il y a bien *sostrenz* dans le manuscrit. Je ne sais ni expliquer ce mot ni le remplacer, avec quelque certitude, par un autre.

20. Vers trop court. Corr. *qui, li m. ?*

22. Faut-il corriger *va p. ?*

Quant à l'auteur de cette pièce, rien n'est plus vraisemblable que la supposition de M. Chabaneau (*Histoire de Languedoc*, X, 327), qui reconnaît le troubadour dans le chevalier Azemar Jordan, fait prisonnier en 1212 par Simon de Montfort à Saint-Antonin. Les deux poésies attribuées dans les chansonniers à Raimond Jordan sont pleines d'un esprit belliqueux, ce qui s'accorde parfaitement avec le vers 2367 de la Chanson de la Croisade, qui parle du chevalier de Saint-Antonin :

> *Cel de Sant Antoni se prezon a enardir*
> *Per n'Azemar Jorda; mas cant venc al partir,*
> *Anc non i ac negu que·s ne pogues jauzir.*

L'identité admise, il est probable que le *vescoms* dont parle le vers 25 est le vicomte Pons, qui fut fait prisonnier avec le chevalier, et le *coms*, au vers 28, ne serait autre, dans ce cas, que Simon de Montfort. Le sirventes fut donc probablement écrit vers 1212, pendant les préparatifs du combat.

Il y a deux poésies qui suivent le même *compas :* Bertran de Born 20 et Peire Cardenal 40 (celle-ci faite sur le modèle de celle-là); mais les rimes sont différentes de celles d'Azemar Jordan (sauf la dernière, en *ei*) et la forme de la strophe étant assez simple, il n'est pas sûr que le *son* des trois poésies ait été le même. Il est pourtant à remarquer que le sirventes de Peire Cardenal date précisément du temps que nous avons cru pouvoir assigner à celui de notre troubadour.

Grundriss, no 10, 16. — Ms. c 50

N' AIMERIG DE PEGUGNAN

———

Chantar vuilh. — per qe? — ia·m platz. —
ia te·n eras tu laichatz? —
o eu. — fols es tu. qin' es
de cui chantas? — fola res,
5 de la gensor q'el mon sia. —
oc, ben leu; mas si tu·l cres,
altre no·l te creiria ges. —
    per deu, si faria

toz hom qe vis sas beutatz. —
10 es tan pros com lo·m lauçaz? —
la melher q'anc dieus feçes. —
doncs fas tu ben qe cortes. —
et eu, fol, no t'o diçia? —
si be. — doncz, de qe·m mescres? —
15 sai, si es, platz mi e sos bes. —
    no·m entremetria,

sai, si no fos la vertatz. —
era, vos, qar me digaz! —
e qe? — ama·us tan ni qan? —
20 vai tu, mensongier truan;
ela per qe m'ameria?
en tant qant soleilhs resplan,
n'a tan pro ni tan preçan.
    fol, co·s tanheria

1. qem ia pladz. — 5. fia. — 9. sa.

25 a mi sos genz cors hondratz? —
    Ben es doncs nesis e fatz. —
    cum?— car as mes tot afan,
    a guisa de fol aman,
    la on ga res no·t valdria. —
30 cre me tu qe merseian
    aman sirven e preian
       conqer hom amia

    tost o tard, don... — er auiatz
    qe be·n es hom enguanatz. —
35 non es ges. Saps qe m'a sors? —
    eu no. — us conortz : q'amors
    restaura tot en un dia
    qant qe a mesfait alhors,
    per qe·m sofri sas dolors
40   en paç tota via

    e·ls afans qe m'a tardatz.
    las, eu mur! — cum ? — soi nafratz. —
    qui·t nafret? — del mon la flors. —
    qe flors es? — de las melhors. —
45 per qe fetz?— qar se volia. —
    be·l cre ; don atens socors? —
    de leis, qe sa granz valors
       m'es suaus medgia.

    garir ses leis no poiria
50 per re de mas greus dolors,
    q'asi·m nafret gent s'amors,
       no·n sai con m'estia.

    Na Beatrix, cui iois guia,
    d'Est, q'es flors de las gensors
55 e mellier de las meillors,
       meillura tot dia.

29. *Ce vers est placé à la fin du couplet, après 30 à 33.* — 36. conort.
— 43. flor. — 44. la. — 46. aten. — 47. gran. — 48. medgria. — 51. naifret.
—54. la.

1. On pourrait lire aussi sans interruption : *Chantar vuilh per qe ia·m platz.*

3. *qin' = quina,* « quelle, de quelle sorte. » Diez fait venir ce pronom, qui se trouve sous les formes *quin, quinh* et *quanh* au masculin, *quina, quinha* et *quanha* au féminin, du latin *quinam*. Alors la forme masculine devrait avoir été faite sur le féminin, en prenant l'*a* de *quina* pour terminaison du genre. Encore resterait-il à expliquer l'*n* mouillée de *quinh*, etc. Peut-être vaut-il mieux dériver le mot du latin *quinĕ*. *Quine* donnerait *qui* dans les régions où tombe l'*n* entre deux voyelles. En ce cas, le pronom *quine* ne pourrait plus être distingué du pronom interrogatif *qui*, et il est remarquable que, d'après Mistral, *quin, quinh* ne semble guère se trouver que dans les régions où l'*n* « mobile » persiste. Dans cette partie de la France méridionale, *quine* donnerait donc *quin* et, en se méprenant sur la nature de la terminaison *n*, on aurait formé le féminin *quina* sur *quin* d'après l'analogie de *fin : fina.* Dans *quinh,* je suis disposé à voir un exemple de « Satz-phonetik », principe qui peut s'appliquer avec un peu plus de vraisemblance à l'explication des formes pronominales qu'ailleurs. *Quinĕ-ést?* pouvait donner *quinh-es?* comme *ille-est* a pu donner *elh-es*, à côté de *el es,* en provençal et, ce qui est plus concluant, *egli-è* en italien. Du reste il semble que ce pronom se soit confondu avec l'interrogatif *quant,* puisque nous trouvons en provençal moderne *quint,* forme qui, à ma connaissance, n'existe pas dans la vieille langue ; mais on pourrait vouloir expliquer par une confusion pareille la vieille forme *quan, quanh.*

7. Une syllabe de trop. On peut corriger *no·t creiria* ou *no·l te creira.*

10. Il ne semble pas nécessaire de lire *la·m* au lieu de *lo·m.*

15. *Sai* (= « je sais ») semble être employé ici et au vers 17 presque comme une sorte d'interjection. De même, en provençal moderne, *sai, bessai* sont devenus une sorte d'interjection dans quelques locutions, voy. Mistral. — La leçon du vers 15 ne pourrait guère être acceptée. Il faut, je pense, supprimer *e,* et, probablement, lire *tos* au lieu de *sos.*

27. Corr. *ton afan.*

41. Lisez *cargatz* au lieu de *tardatz?* Il était plus usuel de dire *don m'a cargatz,* mais la construction *que m'a cargatz* n'est pas impossible.

53. Pour Beatrix d'Este voy. Diez, *Leben und Werke,* seconde édition, p. 353.

LO VESQUES DE BASAZ

Cor, poder, saber e sen
ai de chantar e d'amor
e de servir gai seignor
que prez e valor enten;
5   q'esters es obra perduda,
e « ·ill mort son greu per garir »,
e si·m volguesson auzir,
mel traissera de secuda.

Bella dompn' ab cors plazen
10   triat co·l grans de la flor
am eu, del mont la genzor,
que negun' ab leis no·s pren:
oilz de falcon trait de muda,
bocha rien per ben dir,
15   e·l cors plus dolz per sentir
c'uns prims ranzans sus char nuda.

Bona dompna et avinen
am, e no ges per amor,
mas en luoc de bon seignor
20   servirai son bel cors gen, —
ar es tost causa saubuda, —
e pren per luoc de iauzir
qant li plai que·m faz'auzir.
aitals, domna, vos saluda.

15. cor. — 24. donnae.

8. *secuda*, ciguë = *cicuda* dans Raynouard. Prov. mod. *cigudo*.
12. « Nulle ne peut se comparer à elle. »

Le *compas* de cette poésie ayant été imité dans la tenson de Blacatz et d'en Raimbaut (Gr. 97, 4), et Blacatz étant mort en 1237, il ne peut s'agir, pour l'auteur de cette pièce, que de Gaillard de la Mothe, qui était évêque de Basaz de 1186 à 1213, ou d'Arnaud des Pins, 1220-26, ou encore, à la rigueur, de Raimond, que l'on trouve évêque à partir de 1230 jusqu'en 1261. Voy. *Gallia christ.*, I, c. 1197, Chabaneau dans *Hist. de Languedoc,* X, c. 334.

Grundriss, n° 167, 13 (comp. 136, 2, 3)

Robert Meyer (*Das Leben des Trobadors Gaucelm Faidit*, p. 16 s.) et Chabaneau (*Histoire de Languedoc*, X, p. 246 s.) ont fait imprimer, d'après le ms. H, trois couplets qui ont été échangés entre Elias d'Uisel et Gaucelm Faidit. Il faut y en ajouter un quatrième, qui ne se trouve pas dans H, mais qui est dans D (fol. 210). C'est la réponse de Gaucelm Faidit au couplet d'Elias : *Manens fora·l francs pelegris* [1]:

> A juzamen de sos vesis
> mena grant de sa honor
> n'Elias sa meia seror ;
> ço diz n'Ebles, q'es lei cosis.
> 5 Non . . . .
> . . . . qar parlet de gruissa fez no-sen,
> q'andui em gros, mas el o es, cho·m par,
> de clara fam, et eu per pro maniar.

2. *Une syllabe au moins manque. Y avait-il en vieux prov. une phrase* menar a grant *comme en vieux franc.* estre en grant, metre en grant ? *voy.* Tobler, li dis dou vrai aniel, *v. 2 note.* — 5-6. *Le copiste a sauté une ligne.* — 7. em] en.

[1] Robert Meyer n'a pas remarqué que les mots qui suivent ce premier couplet, et qu'il a imprimés comme de la prose, sont une *tornada* de deux vers :

> Aqestz motz fetz n'Elias, qe·ls saup far
> miels q'en Gauselms, q'es plus gros d'un pilar.

Ces mots ne sont donc pas une interpolation, comme le croit Chabaneau.

GARIN D'APCHIER ET TORCAFOL

Les poésies de Garin d'Apchier et de Torcafol, son adversaire, offrent assez de difficultés, tant pour leur texte, qui est souvent obscur, et pour les événements historiques dont il y est parlé, qui sont difficiles à éclaircir, que pour la question de propriété littéraire, puisque nous verrons que les poésies n'appartiennent pas toujours à celui des deux auteurs à qui les manuscrits les attribuent. Pour deux pièces, les attributions ne sont pas d'accord : Le sirventes *Comunal vielh ma tor* appartiendrait à Torcafol selon IK, à Garin selon D ; le couplet *Membrarius del jornal* se trouve deux fois dans D, une fois comme poésie de Garin, la seconde fois comme poésie de Torcafol. Pour les autres pièces, les mss. sont unanimes à les attribuer ou à l'un ou à l'autre des deux poètes, mais les attributions ne sont pas pour cela plus incontestables.

Pour éclaircir la question, il faut partir d'une pièce dont l'auteur soit bien certain, c'est-à-dire du sirventes *Comtor d'Apchier rebuzat*, qui est naturellement l'œuvre de l'adversaire de Garin, de Torcafol. Il se trouve dans les mss. DR, et a été publié par Rayn. 4, 253 et réimprimé par Mahn, W. 3, 277. Bien que, dès lors, il n'entre pas dans le plan de mon travail, je ne crois pas superflu de le publier encore une fois, avec toutes les autres pièces des deux troubadours, sauf *Comunal en rima clausa*, imprimé récemment dans mes *Provenzalische Inedita aus pariser Handschriften*, p. 305 ss. Ce qui m'en donne le droit, c'est que ces pièces difficiles ne sont pas publiées par Raynouard d'après tous les manuscrits, et que, par conséquent, leur texte réclame quelquefois des corrections. Je ne me flatte pas, pourtant, de fournir moi-même un texte définitif. Il n'y reste que trop d'obscurités.

Gr. 443, 1. Mss. D 139, R 23. Rayn. 4, 253; Mahn W. 3,277.

Comtor d'Apchier rebuzat,
pos del chan vos ai laissat,
recrezut vos lays et mat,
luenh de tota benanansa,
5   vencut de guerr' e sobrat,
comtor mal encompanhat,
ab pauc de vi e de blat,
plen d'enuey e de carn ransa.

Aisi prenc de vos comjat,
10   pos.................
e de vostre vielh barat,
e de vostra vielha pansa,
e del nas tort mal talhat,
e del vezer biaisat,
15   que tal vos a dieus tornat
c'anas co escut e lansa.

Beus a breuiat lo coril
Monlaurs, que tenias vil,
que de may tro en abril
20   vos fai estar en balansa;
e non aves senhoril
tant aut son dur cor apil,
que ia·us trobon en planil,
per que·m pren de vos pezansa.

25   Et an vos claus lo cortil
sil que·us son deus lo capil,
e tornat de brau humil

Ortographe d'après R. — 2. de R ; es laissatz R. — 5. guerre e D.—6 acom-
paignat D. — 7. A D. — 9. pren D. — 10. oimais de mi chantat D, may de
mi no chantatz R. — 11. del R. — 14. baissat D. — 15. Ca D. — 17 briuat
D ; corrilh R. — 18. Mos laurs D, Montlaur R ; qi tenez D. — 19. tro
quen R. — 22. so dun D. — 23. iaus] uos D; plan mil R. — 25. Can
v. R. — 26. que s. daus D.

e tout chant et alegransa ;
e s'anc raubes loc mongil,
30　ara·us faitz dire a mil
que dieus e l'orde clergil
vos an tout pretz et onransa.

Pos del chantar em al som,
aisieus desampar lo nom.
35　totz votr' argens torn' en plom
e vostr' afars desenansa.
vilhet pus blanc d'un colom,
bo·us menon de tom en tom,
e no sabetz qui ni com.
40　tart seres mais reis de Fransa !

---

30. dir R. — 31. lorde de glognil D. — 32. a R. — 33. de chanta hom
D. — 34. desam per D. — 35. Tot v. argen R; torna D. — 36. afar R ;
desenassa D. — 37. Viellz D; blancs D. — 38. Vos D. — 39. saubes D.
— 40. Farz D.

---

10. La leçon n'est pas sûre. Ni l'un ni l'autre manuscrit ne peut
avoir le texte correct. Il semble que le vers doive dire à peu près
ce que disait le vers 2 : *pos de chan vos ai laissat.* En partant de
la leçon de D, on pourrait lire *pos ai mais de miei chantat* « puisque j'ai
chanté plus qu'à demi », c'est-à-dire « puisque j'ai chanté tout à fait,
puisque j'ai fini de chanter » (voy. *Zeitschrift,* XI, 133). Mais l'expression serait bien peu naturelle.

17. Raynouard a traduit (*Lex.* II, 490) : « Monlaur vous a bien
abrégé le chemin. » Mais cette traduction est-elle correcte ? S'il faut
dériver *coril* de *currere,* il vaut peut-être mieux encore lire « *brivat lo
coril (corrilh,* qui est dans R, = *curriculum*) « il vous a activé la
course, il vous a fait courir. » Mais il semble que Torcafol distingue
dans la rime *l* d'avec *lh.* Voy. plus loin la note du vers 2 de 162, 7.

21 à 23. Vers assez obscurs. Je ne connais pas d'autre exemple de
planil, mot qui doit signifier pays plat : « On vous trouve en pays
plat, réduit au pays plat. »

26. *esser a alcu deus lo capil.* Encore une expression dont je ne connais pas d'autre exemple.

37. Le diminutif *vilhet* manque dans Rayn.

La pièce précédente est placée dans les deux manuscrits entre *Mos Comunals fai ben parer* et *Veillz Comunals ma tor*. Ces deux poésies étant réunies aussi dans les mss. IK, on peut supposer qu'elles étaient voisines dans le manuscrit qui était la source commune de D I K R. En effet on voit qu'il y est parlé des mêmes événements (comp. les vv. 36 à 38 de *Mos Comunals* aux deux premiers couplets de *Vielhs Comunals ma tor*), et, bien que les *compas* ne soient pas les mêmes, on peut dire que la seconde répond à la première.

Gr. 162, 5. Mss. D 139, I 192, K 177, R 23 (Mahn Ged. 1021).
Imprimée Rayn. 4, 250; Mahn W. 3, 275.

Mos Comunals fai ben parer
que, si el pogues dir ni far
causa que·m degues enoiar,
ill en faria son poder ;
5 mas paubrieira e veillencs l'assaill
e poders e iovenz li faill,
per qu'als guerriers non fai paor ;
e non a amic ni seignor
que no·l teingna per enoios
10 mas tant quant ditz nostras tensos.

E s'ieu lo voill ben dechazer,
que·l vuoilla tolre mon chantar,
ia non er qui·l don a maniar
ni·l voilla albergar un ser ;
15 per que metrai·l chan dinz seraill,
per qu'el sovent trembl'e badaill ;
que la verchiera de sa oissor
vendet, dont son gai maint pastor,
car lai vivi' ab sos lairos
20 emblan las fedas e·ls moutos.

Orthographe d'après K. — 1. Pos cominal R. — 2. sil DIK; saubes IK. — 3. So qua mi IK. — 4. Quel IK. — 5. vilenc R. — 5, 6. Mas iouenz e poders len faill E paubrieira e ueillors lasaill IK. — 6. la f. D. — 7. cal R; Per qua home IK; nom R. — 9. enueyos R. — 11. Mas seul u. D. — 12. Quill D, Que IK; uoill la t. IK. — 15. Perquel ch. metrai d. lo s. IK; Mas metray lo R; metraill canz D. — 17. Quel u. IK; uergiera de soisor D; sa sor R. — 18. dont] de R. — 19. Que IK; uenia D; los D. — 20. Emblar D.

Anc ab armas non saup valer
hom meinz, tant se·n volgues lauzar,
ni als guerriers, mas ab parlar,
no saup hom meinz de dan tener ;
25 mas sovent mou guerra et assaill
a cels que an croz e sonaill,
don mil monge dinz refeitor
pregan plorant nostre seingnor
qu'en Pons-tortz e·n Sainz-Laurenz fos
30 si cum es, viellz e soffraitos.

Leiautat sol molt mantener
e falsetat totz temps blasmar,
mas al tornell la·i vim laissar
e del tot metre e non·caler ;
35 per que ditz lo pair d'en Eraill
que home qui nafre ni taill
ni prenda son lige seingnor
ni que·l toilla castel ni tor,
no·l deu mantener nuls hom bos,
40 per qu'el no·l mante ni·n Randos.

Ja nuill marit non cal temer
de lui ni sa moiller gardar,
anz lo po laissar domneiar
et estar ab leis a lezer ;
45 que quals que·l debois ni·ll entaill,
deboissar lo po d'aital taill :
ses pel, ses carn e ses color
e ses ioven et ses vigor ;
e d'ome qu'es d'aitals faichos,
50 non deu esser maritz gelos.

21. sap IK. — 22. sen] en IK ; guabar IK. — 23. guerres D, gerres K. —
24. sap D ; de *manque* R. — 25. trebaill IK. — 26. qan c. D ; o R ; soniail I,
soniails K. — 27. refreytor R. — 29. Que p. t. D ; pons totz e son I. R. — 30.
es] el D. — 31. Leialtaz D ; molt *manque* D ; — 32. falsitaz D — 33. Mal R ;
torneill D torneī R ; laill IK. — 35. paire D, par IK. payre R ; d. E.] nerralh
R — 36. q°s naure D ; e DR. — 37. EDR ; preu IK. — 38. ED ; Nil renou
ja c. R. — 39. No d. D. — 40. no m. D ; ni r. K ; rasos D — 41 nuillz
mariz D ; nom R. — 42. ni de s. R. — 44. a] en D. — 45. cal DR ; uill I.
— 46. Debossar IK. — 49. daytal R. — 50. deo D ; marritz IKR.

Gr. 162, 8. Mss. D 139, I 192, K 177, R 23. — V. 25 à 32 Rayn. 5,449;
Mahn W. 3, 347.

Veill Comunal, ma tor
ai cobrad' ad honor,
car bon envaidor
non pot hom leu faidir;
5   qu'a vos o auzi dir;
per que·m mis en la via
e fi·n cellui issir
que a tort la tenia;
don sapchon mei amic,
10   tuich, li paubr'e li ric,
qu'ieu guerrai so que dic,
puois sus son, don issic.

Qui m'apela traichor,
el men per mieg lo mor;
15   mas quar al meu seignor
podion ren laich dir,
eu non o volc soffrir;
ni voill que tracher sia;
e saup lo meillz garrir
20   qu'el eus no se·n garia;
qu'en aissi se·n partic
qu'anc colbe no·i feric,
et eu fi so qu'ieu dic,
que·l pris e no·l retic.

25   Ben viu a grant honor

Orthographe d'après K — 1. Veillz D; Cominal R; Comunal ueill IK;
cor R. — 3. Qua b. esuaidor IK. — 4. Nos D. — 5. Car D; ausai IK. —
6. mes D. — 7. En fi IK; fi D. — 8. tor DIK, cor R; temia R. — 9 à 12
ont échangé leurs places, dans IK, *avec* 21 à 24. — 9. Esaupchon IK. — 10.
p. eill r. IK. — 11 *manque* D. — 12. P. sui d. il i. D. — 13. Sui I,
Cui K; man pela l K. — 14. m. denan pel m. IK. — 15. a mon s. l K. —
16. Podiom l K; laidir D, lay dir R. — 17. no lo D; vuelh R. — 18. trai-
chers D. — 19 et 20 *manquent* R. — 19. saubil D; grazir I, garzir K. —
21 à 24, *voy.* 9 à 12. — 21. issic D R. — 22. colpe D. — 23. fi *manque*
IK; f. s. q. d.] si fo que d. R. — 24. Que p. R. — 25 à 36 *manquent* DR.

qui pert son mal seignor,
qu'ieu perdei lo peior
qu'anc morz pogues aucir,
mas eu non, puois moric ;
30 ni non voill qu'om m'aucia ;
per ma vida gandir
garni la maison mia

. . . .

. . . .

35 . . . .

. . . .

Si be·s fan gabador
li fillat e·ill oissor,
Monlaurs fai sobre lor
40 sos honraz faiz auzir ;
e quant l'auzon venir,
no·l serron ges la via,
anz lor a faich gequir
l'orgoill e·ill gaillardia ;
45 e parec a Nou-Vic,
on preiron tal destric
que, quan l'estors partic,
el remas pres en gic.

Ges no me don paor
50 per lor dig de folor,
si tot quatre comtor
mi menasson d'aucir ;
quar en els po venir
anz qu'e mi la moria ;
55 et yeu, podes lor dir,

39. que I. — 33 à 36 manquent aussi IK ; espace laissé libre. — 37. beus R ; cabador D I. — 38. e lorsor R, — 39. Monlaur R. — 40. Ses I ; honrar fai grazir I K.— 42. seron D, saron I K.—43. An D ; an D R ; gechir I K.— 44. e la feonia I K. — 45. en R ; non uic I K, vau vic R. — 46 à 48. Quant la chocha partic. On preiron tal destric. Quancar lan iai en gic IK. — 46. prezon R. — 47. lestorn R. — 48. Lay R. — 49 à 60 manquent D. — 49. nom d. gran p. IK. — 50. Ni ira ni dolor I K. — 52. Me mes sen daucir I K. — 54. li moria I K, la murria R. — 55 à 57. Queu en prec lam e fic I K.

> prec dieu a cascun dia
> que gotela me fic
> el lag mal don moric
> uns comtors, qu'ieu ausic
> 60   qu'anc preveire non vic.

58. laic I K. — 59. aussic R.

5. J'ai suivi la leçon de D R, qui, généralement, ont le meilleur texte, mais en égard aux vers 11 et 23, on pourrait préférer ici *ausai*.

11. *guerrai* dans tous les mss.; on aimerait mieux *farai*.

25. Ce fragment d'un troisième couplet n'est que dans I K. C'est un travestissement curieux d'un couplet de P. Vidal (Gr. 364, 13) :

> Ben viu a gran dolor
> qui pert son bon senhor,
> q'eu perdei lo melhor
> qu'anc mortz pogues aucir;
> e quar nou posc morir
> ni es dreitz qu'om s'aucia,
> per ma vida gandir
> m'en anei en Ongria, etc.

La rime du vers 29 n'est pas correcte. Mais il n'est guère permis de lire comme dans le sirventes de P. Vidal : *Mas eu non posc morir*. Cela n'aurait pas de sens ici. Tout ce fragment me paraît bien suspect.

45. J'ai choisi la leçon de D, qui me paraît la plus vraisemblable; mais je n'ai trouvé aucun *Neuvic* où il y ait eu un combat en ces temps-là.

48. *Gic* est-il substantif verbal de *gequir ?* et signifie-t-il, par conséquent, « abandon? » Je ne trouve le mot qu'ici.

54. *Moria, murria,* voy. Godefroy, *morie, mourie, murie,* « mort, massacre. » Il semble que le mot français désigne la mort causée par une maladie contagieuse.

57. Autre vers difficile que je ne comprends pas sans des changements trop considérables.

————

Il est évident que ces deux pièces ne sont pas du même auteur, et on ne peut douter que *Mos Comunals* n'appartienne à Torcafol, puisqu'on y retrouve le portrait de Garin, comme il était tracé dans *Comtor d'Apchier,* portrait d'un pauvre vieillard, décrépit, mais qui est toujours acharné contre les religieux. La seule différence est qu'il est désigné ici par son *senhal,* dans l'autre pièce par son nom réel ; et ceci s'explique, si j'ai bien compris les vers 33, 34 du premier sirventes (p. 40). Ces vers semblent dire que Torcafol voulait cesser désormais d'appeler Garin par son nom poétique : « je vous quitte le nom[1]. » Il en résulterait que le sirventes *Comtor* fut postérieur à *Mos Comunals* et peut-être aussi postérieur à *Veill Comunal ma tor,* puisque Garin y appelle encore son adversaire *Comunal,* ce qu'il n'aurait probablement pas fait après le sirventes *Comtor.* Mais alors il faut supposer que Garin avait nouvellement perdu le château dont il était en possession au temps de la pièce *Veill Comunal.*

Les trois poésies dont nous avons parlé jusqu'ici forment, nous l'avons vu, une sorte de groupe dans les mss. qui les renferment. Un autre groupe est formé par *Comunal veill flac plaides* et *Comunal en rima clausa.* La seconde de ces deux pièces est attribuée dans tous les mss. à Torcafol. En effet, nous y retrouvons tous les traits qui caractérisaient le portrait de Garin d'Apchier : sa vieillesse qui le rendrait impropre, d'après l'opinion de son adversaire, à être *drut,* son hostilité envers les religieux et envers les pauvres paysans, dont il aime à voler les moutons, etc. Il est donc évident que cette pièce est bien de Torcafol. (Voyez *Inedita aus pariser Hdss*, p. 305.)

L'autre pièce est attribuée dans les mss. à Garin d'Apchier.

Gr. 162, 2. Mss. D 138, I 191, K 177, R 8. — Rayn. 4, 249 ;
Mahn W. 3, 274.

Comunal veill, flac, plaides,
paubre d'aver et escas,
tant faitz malvais serventes
que del respondre sui las ;
5 e·l vostra cavalaria
venra tota ad un dia
quant er cho denan detras,
l'avols bos e·l bos malvas.

Orthographe d'après K. — 1. uiellz flacs D. — 2. escars I K. — 5. Sil R ; vostre I K. — 6. Vendra D. — 7. Car R ; so D R. — 8. Lauol ben eill pro m. IK, Lauol bo el bo m. R.

[1] Ce nom a été, conformément à un usage bien connu, commun à tous les deux, ce qui explique la confusion dans les attributions de leurs poésies.

Anc un bon mot noñ fezes
10 non i ages dos malvas,
per qu'ie·us tolrai vostre ses :
mon chan, ab que·us formias ;
quar chantatz ab vilania,
que·ill comtessa me·n chastia
15 que ten Beders e Burlas,
que ditz que vos rebusas.

Anc sagramen non tengues
del tornel, quant l'avias ;
ni nuill temps ver non disses,
20 si mentir non cuidavas ;
et anatz queren tot dia
qu'om se fi ; e qui se fia,
tenetz lo taulier e·ls das,
e del ioc sabetz assas.

25 Qui·us tolia Vivares,
l'Argentieira e·l Solas,
on lor comtatz mainz orbes,
mesures vos hom lo vas ;
que quant Pons-tortz vos passia
30 e Sainz-Laurens vos vestia,
siatz totz paubres e ras,
que sieus es anquer, si·os plas.

Et avez tanz de mals pres
aras e d'aissi en tras
35 que non sai cum vos tolgues
qui·l pe no·us tolli'o·l nas

10. de D, des I; maluatz I K. — 11. queus D; fes R. — 12. Mos R; quieus
K ; formais I K; E m. ch. ab formas D. — 13. Can R. — 14. El R; me R;
Qui cortesamen ch. D. — 15. Beders] lobres D, lombes R. — 17 à 24 *après*
25 à 32 D R. — 18. t.] tort uey R; lamas D. — 19. nuillz D. — 22. Cusi fi e
cussi faria D, Conssi e per maystria R.— 23. Tener D. — 24. assatz I K.—
25. Quieus R. — 27. comtes R.— 28. Mesureson D. — 29. tort R, torstz I K,
manque D; vos *manque* D; passai I K. — 30. san laures qeus v. R. — 31.
molt D R. — 32. E D; sius D I K; er D; sieus R. — 33. tans de mal D; tans
mals apres R. — 35. Qeu D; com D, col R. — 36. Si D, Sil R; pel D.

o del tot no·us aussizia.

si no fos la cofrairia

de Chasiers e de Carlas,

40   ab los pecols anaras.

37. nos auzizia IK ; Ols oillz o nous a. DR. — 38. coffaria D. — 39. cha-
tiers IK, chassier R ; o D ; carals IK.

---

15. *Beders e Burlas* est la leçon de I K, qui, pour cette pièce, ont
généralement le meilleur texte. D a *lobres* au lieu de *Beders,* R *lombes,*
ce qui donnerait *la comtessa que ten Lombers* (dép. du Tarn, plutôt que
Lombez. dép. du Gers) *e Burlas.* Outre que la leçon de *Beders* est
mieux attestée, la biographie d'Arnaut de Maruelh nous dit expressément
qu'il y avait une comtesse qui fut appelée par les troubadours comtesse
de Béziers et de Burlats, c'est-à-dire Azalaïs de Toulouse.

26. Il y a plusieurs lieux du nom de *Soulage, Solage, Soulalge,
Solaise, Soulages.* Je n'en connais aucun qui soit nommé *Soulas.* Mais
est-ce bien de noms de lieux réels qu'il s'agit ici, ou n'est-ce plutôt un
exemple de cette sorte de jeux de mots dont parle Tobler dans « Ver-
bluemter Ausdruck und Wortspiel in altfranzösischer Rede », p. 2 ss. ?

27. *orbés* n'est pas dans Rayn. Je ne comprends pas le sens du
vers. Peut-on corriger *ordes* = *ordescs* « ordures » ?

32. « Vous êtes encore le sien », c'est-à-dire : « Vous·appartenez
toujours encore au tombeau, à la mort » ?? Cela ne donne pas de sens
satisfaisant. Y a-t-il un jeu de mots entre *vas* «tombeau» et *va-s* «vain» ?
« vous appartenez encore toujours à la vanité ; tant elle vous plaît » ?
Dans les vers 29, 30 il faut peut-être lire *no·us* au lieu de *vos.*

39. Probablement Chassiers, département de l'Ardèche, et Carlas,
département du Cantal.

40. *pecol* « menu bétail », manque dans Rayn. ; *pecou, pecoul,
pecoulh* dans Mistral « niais, imbécile. »

Si nous rapprochons ce sirventes des poésies précédentes, nous ne
douterons pas que les mss. n'aient tort de l'attribuer à Garin d'Apchier.
(Outre le portrait de celui qui y est attaqué, comp. particulièrement
les vers 17, 18 et 29, 30 de cette pièce-ci aux vers 33 et 29 de *Mos
Comunals fai ben parer.*) Cette pièce encore est sans doute l'œuvre de
Torcafol.

Il nous reste quelques poésies qui ne se trouvent que dans le ms D.

Gr. 162, 4. D 202, attribuée à Garin.

> Mals albergiers dinarada de fen
> no vendet anc mielz qe el a vendut
> la verchiera e de l'autre gran ren ;
> mas e mal luoc li faill, si dieus m'aiut.
> 5 viell enoios rebussat Comunal,
> mon oliver vert e foillat brancut
> cossi m'ausses anc retraire per mal ?

1. *fen* rimant avec *ren*, l'*n* à la fin doit être *mobile*. « Denrée de foin » ne donne pas de sens satisfaisant. Faut-il lire *fe : re* et traduire « denrée de foi, denrée commise à sa bonne foi, pour la garder » comme la *verchiera* était confiée aux soins du mari ?

Nous avons vu que dans *Mos Comunals*, vers 17, on reprochait à Garin d'avoir vendu la dot de sa femme. Ce reproche étant répété dans les premiers vers de ce couplet-ci, nous conclurons qu'ici encore c'est Garin qui est attaqué, et que c'est probablement Torcafol qui est l'agresseur.

Après avoir trouvé que tant de pièces attribuées à Garin par les mss. ne sont pas de lui, nous hésiterons aussi à lui accorder celles qui ne démentent pas aussi clairement le témoignage des mss. Nous nous déciderons probablement à reconnaître Torcafol pour l'auteur de la pièce *Vielhs Comunals plaides*, où l'on remarque à peu près le même style et le même genre d'injures que dans les autres sirventes de ce troubadour.

Gr. 162, 7. Msc. D. 139.. Impr. Klein, die Dichtungen des Mœnchs von Montaudon, p. 107. V. 1, 3 à 9, 11 et 12. Rayn. 5, 156. Mahn W. 3, 276.

> Veillz Cumunals plaides,
> ver brivat lo corves ;
> e·ill malvatz serventes
> qe vos auch far e dir,
> 5 me tornon en azir,
> e·ill vostra ianglosia,

1. cumunal.

don vos faiz escarnir,
me desplaz chascun dia,
e·m n'es vos enoios,
10   que limars d'esperos,
gals esems e falcos
am mais auzir que vos.

Mas sobrebe vos pres
car viella no volges,
15   c' ab autra foraz mes
e fera·us greu soffrir.
e non a obs que·us tir
tossa sa drudaria,
se ia se·n vol iauzir;
20   qe no se·n iauziria,
c'outra doas messos
non auria drut de vos;
e de nulla·l ianglos
no sera ia cogos.

10. des esperos. — 11. falcons.

---

2. La leçon semble corrompue. Mais comment faut-il corriger?
Corves pourrait être le *cortves* vfr. *corvois* « cordouan », constaté
récemment par Tobler dans la *Chansoneta leu e plana* de Guillem de
Berguedan (Zts. 13, 546). Alors *corves* serait probablement par méto-
nymie pour *sotlars de corves*, peut-être aussi pour *braias de corves*. Ou
doit-on y substituer plutôt *corres, corretz* « courroie » et lire *breuiar
(Ve·us breuiat?) lo corres (briuar* D = *breuiar* R aussi dans *Comtor
d'Apchier*, v. 17), ce qui serait le contraire de *alounga la courreja*
«donner des libertés » dans Mistral? On est tenté aussi de rapprocher
les deux expressions *briuar lo corres* ici et *breuiar (briuar* D) *lo corril*
dans 443, 1. v. 17; mais je ne vois pas alors comment dériver *corril*.
En somme, je ne sais pas expliquer ce vers.

3. Le *malvaz serventes* dont parle ce vers sera *Veill Comunal, ma
tor,* qui a le même *compas* que cette pièce-ci et qui la précède, chro-
nologiquement, puisqu'il a adopté non seulement le *compas* de Pierre
Vidal *Be viu a gran dolor,* mais encore ses rimes, tandis que *Veillz
Comunals plaides* n'en suit que la forme métrique sans en adopter
les rimes.

14. Corr. *viella vos volges.*

22. Vers trop long. Corr. *aura*.
23. Corr. *gelos?*

Il ne me semble pas aussi sûr que les trois poésies qui restent appartiennent à Torcafol. Le style m'en paraît un peu différent, et le fait que la personne attaquée y est caractérisée comme un pauvre gueux et comme un vieillard ne suffit pas pour y reconnaître Garin. Les pièces *L'autrier trobei* et *Aissi con hom* sont attribuées à Garin seul ; le couplet *Membrari·us del iornal* est attribué, nous l'avons dit, aux deux auteurs.

Gr. 162, 3. Mss. D 202, impr. Klein, p. 107. V. 17 à 24 Rayn. 5, 155.
Mahn W. 3, 276.

L'autrier trobei lonc un fogier
un crol', onn era us efas mes
e la olet' e dos conres
e la noirissa en un gat nier.
5   aquest ostals fon d'un parier,
Comunal, qu'i veich dechaier ;
e qant lui vi, cuidei vezer
Ruqet, un viel ioglar lanier.

D 140 :   L'autrier trobei tras un fogier
un croille ab dos enfauz mes
en un leit' ab dos cures
e·l nuirissa, un chat nier.
5   aqest ostals fo d'un parier,
Cumunal, qu'i vei deschazer ;
e quant lui vi, cuidei vezer
tu, lait veill iuglar lainier.
8. lais.

Cel, s'es paubres, mal no l'en mier,
10   q'ieu no·ill tulc ren mas las pares
e·l moli don rendia ses
al paire d'en Poisson Gaifier ;
qe·n dis un tal enuich l'autrier,
don men, qe no·m dis point de ver ;

2 un — 5. son. — 14. poinz.

15　　mas no·s po de mal dir tener.
　　　an vos los maiors colps q'el fier!

　　Eu no m'apel ges Olivier
　　ni Rothlan, qe q'el se· n dises;
　　'mas valer los cre maintas ves,
20　　quant cossir de leis q'eu enquer;
　　e non sai el mon cavalier
　　q'eu adoncs no l crezes valer;
　　e volria tal fieu aver
　　a partir regisme o enpier.

23. sieu. — 24. regieme.

La forme métrique et les rimes sont les mêmes que dans Peire Cardinal *Anc no vi Breto ni Baivier.*

3. Pour *conres, cures,* voy. la note du vers 2 de la pièce précédente. *Oleta* n'est pas dans Rayn. Le mot sera le diminutif de *ola.*

11. Corr. *del moli ?*

12. Corr. *Ponson?*

13, 14. Lire *que·m, no·n?*

16. *An* est-il le même que *ec?* v. Mistral *an-nous-aqui* « nous voici » (à Castelnaudary).

Gr. 16?, 1. Msc. D. 202.

　　Aissi con hom tra l'estam
　　as envers, q'era adreich,
　　e si cum meno·l carreich
　　li bou, qant trao·l legnam,
5　　un nou sirventes ailluc
　　de mon Comunal astruc,
　　qui chaschus torna en desdeing
　　e destorz son entresseing.

　　Ia no·ill cal gardar cho clam
10　　per si ni per son arneich,

7. descleing. — 8. e.] au tresseing.

ni per bon astre qe·il veich
ni pel sieu corren volam,
pel ioglareiar faduc,
ni per las canas del suc,
15 ni per las cordas del seing
qui son el sieu col susteing.

———

4. *legnam* manque dans Rayn. ; voy. it. *legname*, catal. *lenyam*.
8. Lire *E·n ?*
12. *volam* manque dans Rayn.; je ne le comprends pas.
16. Le dernier mot du vers ne peut être *sostenh* « soutien ». Peut-
on corriger *sotz tenh ?* « pour les cordes de cloches qui sont à son col,
au-dessous de la teinte », c'est-à-dire « sa barbe ressemblerait à des
cordes de cloches, si elle n'était pas teinte » ?

———

Gr. 443, 3. Msc. D 202, 140. Impr. Rayn. 5, 156. Mahn W. 3, 277,
Klein. p. 106.

Membrari·us del iornal
qant perdes vostres cussos
a Montfort, e meses vos
dinz en la boissera?
5 granz esmais
vos i crec e grans esglais,
qe·ls draps vos trauqes denan.
be·us garit dieus, per semblan,
car no·us toqes en carn nuda.
10 « savis apren e fols quda. »

———

D¹ (202) : 4. D. una b.
D² (140) : 2. cuissos. — 3. messes. — 6. Vos uieng. — 7. traisses. — 9.
torqes. — 10. flos cuida.

4, 5. Ces deux vers sont sans doute incomplets. Il est probable qu'ils
ont eu sept syllabes comme tous les autres, et que le quatrième finissait
en *al* comme le premier vers du couplet.

———

En somme, des huit pièces qui se trouvent dans les mss. sous le nom de Garin, nous ne pouvons lui attribuer avec certitude qu'une seule ; trois ne sont certainement pas de lui, une quatrième probablement non plus ; trois sont douteuses.

Du reste, Garin n'a pas beaucoup à se plaindre du résultat de nos recherches. S'il ne lui reste qu'une seule pièce, c'est du moins la meilleure, et pour la vivacité du style, et pour le genre de la satire, moins grossière et plus ironique que dans les compositions de son adversaire, et pour les sentiments qui y sont exprimés. Auteur de cette pièce et, surtout, inventeur du descort, Garin occupera encore une place honorable dans la littérature provençale.

Mais qui est donc ce Garin d'Apchier ? Il semble impossible qu'avec tant de noms de personnes et de lieux, qu'il y a dans les sirventes des deux troubadours, on ne puisse retrouver Garin dans l'histoire. Il me le faut confesser, pourtant, je n'ai pas été plus heureux à présent que la première fois que j'ai essayé de résoudre la question (*Zeitschr. f. rom. Phil.*, t. XI, 221 ss.). Ce n'est pas l'impossibilité de trouver des noms identiques dans les documents qui fait la difficulté, c'est plutôt l'embarras de choisir parmi toutes les personnes du même nom. Il y a un assez grand nombre de Garin d'Apchier, et, s'il est vrai que presque tous ceux que nous connaissons ont vécu dans un temps trop moderne pour notre troubadour, il est bien probable aussi que le nom de Garin était fréquent dans la famille dès le commencement du XIIe siècle. Du moins je crois qu'il s'agit d'un membre de cette famille (qui est appelée dans les documents « de Apcherio » ou « de Castronovo », c'est-à-dire de Châteauneuf-de-Randon, département de la Lozère), dans l'extrait suivant d'une charte de 1126.

Notum sit... quod ego Raymundus comes Barchinonae et Provinciae mar-chio et conjux mea Dulcia et filii nostri Raymundus et Berengarius donatores sumus vobis *Garino* et Odiloni fidelibus nostris et uxoribus vestris et filiis et filiabus vestris in perpetuum castrum quod vocatur Rando, ut habeatis et teneatis illud per feudum... (*Hist. de Languedoc*, V, 886.)

Il y a donc à trouver parmi les divers Garin d'Apchier celui qui peut avoir été notre troubadour.

Il n'en est pas autrement des noms d'Eralh, de Monlaur et de Randon. Le nom d'Eralh est commun dans les familles des vicomtes de Polignac (nous trouvons des Héraclius de Polignac déjà au IXe siè-cle, voy. *Hist. de Languedoc*, t. IV, Registre) et des seigneurs de Monlaur, qui tous les deux étaient du voisinage des seigneurs d'Apchier et qui se trouvent souvent ensemble avec eux dans les documents.

Les hostilités de Garin envers les religieux ne nous aident pas non plus à fixer le temps où il vivait, puisque, aux XIIᵉ et XIIIᵉ siècles, les évêques de Mende et du Puy étaient presque toujours en guerre avec les barons de leurs diocèses, et entre autres avec les seigneurs d'Apchier, de Polignac et de Montlaur[1]. En 1165, nous voyons le roi Louis le Jeune entreprendre une expédition pour protéger l'Eglise contre les vexations de ces seigneurs (*Hist. de Languedoc*, t. VII, 8 ss.), expédition qui fut suivie d'une autre en 1171. L'évêque de Mende, Aldebert de Tournel (1151-87), reconnaissait alors la suzeraineté des rois de France (*Gallia christ.* I, 90), de sorte que, dès lors, les ennemis de l'évêché de Mende étaient aussi les ennemis de la France. Les comtes d'Apchier étant feudataires des évêques de Mende, mais combattant toujours contre eux, cette circonstance pourrait peut-être servir à expliquer les vers *A pauc apchiers no·us fo Fransa* (*Comunal, en rima clausa*, v. 12) et *tart seres mais reis de Fransa* (*Comtor d'Apchier*, v. 40).

L'époque où florissait le troubadour serait fixée, jusqu'à un certain point, si la *comtessa que ten Beders e Burlas* était en effet Azalaïs de Béziers, surnommée de Burlats dans la biographie d'Arnaut de Maruelh. Elle était fille de Raimon V de Toulouse, épousa, en 1171, le comte Roger V de Béziers et mourut avant 1201 (v. *Hist. de Languedoc*, VI 156, X 220). Mais il n'est pas bien certain que ce soit la même comtesse.

Dans la *Zeitsch. f. rom. Phil.* t. XI, p. 223, j'ai dit que les deux sirventes Gr. 162, 7 et 8 devaient avoir été composés après 1196, puisqu'ils suivent le compas d'une poésie de Pierre Vidal qui est de cette année-là. Ce n'est peut-être pas exact. La pièce de Vidal étant un sirventes, toutes les trois peuvent avoir imité un original aujourd'hui perdu. Mais le sirventes de Garin serait naturellement une imitation de celui de Vidal, si le fragment du couplet, dont nous avons parlé à la page 19, était vraiment de lui. La chanson de Raimbaut de Vaqueiras, dont le compas est imité par 162, 5, est probablement à placer entre 1180 et 1190. Le genre poétique du descort, inventé, selon la biogra-

---

[1] Une charte de 1223 peut, en quelque manière, servir d'illustration aux reproches faits à Garin de voler les moutons aux paysans. *Gallia christ.*, I, 92 : « In schedis R. P. Andreae a S. Nicolao... lego hunc Stephanum (évêque de Mende) strenuum se ostendisse in compescendis nobilium vexationibus erga rusticos, quibus arare non nisi dominicis et solemnioribus diebus permittebant. Ut eorum superbiam frangeret, multos equites et ducentos milites accersivit, maxime ex Arvernia, qui ducibus domino de Mercorio, comite de Bononia, etc. Randonem de Castronovo debellarunt, et 18 castra tam de feudo et retrofeudo, quam de proprietate Randonis ceperunt et destruxerunt. » Empêcher les paysans de labourer ou leur voler les moutons, il n'y a pas grande différence.

phie de Garin, par ce dernier, existait déjà avant 1180. Si la notice de la biographie est exacte, ce dont nous n'avons pas le droit de douter, la carrière de Garin doit avoir commencé vers 1175, au plus tard. Il me faut abandonner les recherches ultérieures à ceux qui disposent d'une bibliothèque historique plus riche que la mienne. Je ne doute pas qu'on n'arrive à déterminer les dates de quelques-uns des événements dont il est fait mention dans ces poésies.

GIAUSEM FADITZ

D'un' amor on s'es asis
    mos ferms cors fis,
movon tuit miei cortes saber ;
    c'amors m'ensegna
5   cansons far e·m *maïstris*
      e·m esbaudis
cor e sen e geng e poder,
    per c'ieu devegna
    e gais sos
10   coindes e bos ;
    que s'ill non fos,
gia per autra isciensa
    mos trobars,
    qi es fins e clars,
15   non fora *cars*
ni agra gran valensa.

Ni non cre qu'om gia·l graisis
    ni abelis
gia, tant non o sabr' eu voler,
20   s'amors, ce regna

---

¹ J'avais oublié de publier cette pièce, omise par Bartsch, dans mes *Inedita aus pariser Handschriften.* Je profite de l'occasion qui s'offre pour la publier ici, bien que cette poésie, n'étant contenue dans aucun des manuscrits d'Italie, sorte du cadre du présent travail.

2. mon ferm; fins.— 4. camor.— 5. nais his. —.9. sons. — 15. clars. — 18. Mabelis. — 20. samor.

e me giors e sers e matis,
no·m crecis
de vos, ce·m fatz viur 'e valer.
domna, on c'ieu tegna.
25   tant es pros
ce mas cansos
an pretz pros.
per so non bistensa
merceiars
30   e mos cantars
ni *gens* prechars
ab cor d'umil parvensa.

Donc non es gies vers devis
aicell ce dis
35 c'ieu cant per aver;
ch'en re no·l degna
mon cor tant per ce·n mentis
lei, c'obesis,
e mos cantz, on no fas parer
40   ce·m desovegna
sos gioios
cors amoros;
es es raisos;
qu'en tant, ses faglensa,
45   c'enclau mars
no es sa pars;
per *qe·l* lausars
de leis e·l pretz m'agenssa.

Soau e gient me concis,
50   can volc c'ieu vis
son bell cors blanc gioios giaser,
don bes me vegna.
e no cresatz ce ieu partis,
s'il mo sofris

21. E] et. — 23. fat; ualens. — 31. Nigus p. — 33. uer. — 39. cant. —
40. Com. — 41 Son. — 45 Con clau. — 47. Por quieu lausors.

55 .... so qu'ieu plus volc veser.
trop cut qe·m fegna!
c'a sasos
notz ben al pros
pauc' ociaisos.
60 per so·m fai temensa
fols vanars
e trop parlars,
ce mans afars
enassi·s desavinensa.

65 ..... tan be·l soi aclis,
car so que·ll quis,
me det, qe ges no·m pot plaser
c'autra·m retegna.
ans no lais Lemosis,
70   un dolz pais,
per lieis, en cui ai bon esper
ce giois me·n vegna;
don ganglos
contrarios
75   fals ni gelos
no i ay' entendensa
cil ganglars
ni·l cridars
braus: « fals amars! »
80 nos ni nostr' amor vensa,

E per aiso m'esgausis
car s'afortis
mos bels Sobiras ab cor ver
en pretz revegna,
85 q'era, s'ell no l'*aculhis*,
ia meg·aucis
per tals qui·ll degran mantener.

55. Camu(so) *ou* Comai(so). — 59. ociaisons — 64. enaseis.— 65. Jo t.;
aclins. — 67. der; poc. — 72. gioi. — 73. sanglos. — 76. ag.— 78. cri-
dar. — 79. Brau. — 83. sobirar. — 85. Gera; nola cug uis.— 87. tal.

e cal qu'estregna
son cor blos
90   flac enoios
vas gioi duros,
a lui a tenensa
pretz, donars.
ses faitz avars,
95   e gens ondrars
ab francha captenensa.

Ma cansos
ab ditz gioios
va dir.....
100   n'Agout en Provenssa
ce·« l pres clars
de vos m'es cars
e·l gerears
de Santongier m'agensa. »

88, que stregha. — 89. cors. — 90. noïos. — 94. Sos. — 95. gems. —
102. mos c. — 104. santangier.

5. J'ai introduit *maïstris*, bien que le verbe *maïstrir* n'existe pas
dans Raynouard. On y trouve pourtant *enmaistrit* « habile ».

12 Ou ce vers-ci est trop long d'une syllabe, ou les vers 28, 44,
60, 92 sont trop courts. La mesure du dernier vers de chaque couplet, vers correspondant à celui-ci, rend probable qu'il doit y avoir
six syllabes dans tous; mais alors il faudrait corriger quatre vers sur
six, tandis qu'on n'aurait à en changer qu'un seul, si l'on acceptait
pour ces six vers la mesure de cinq syllabes.

22. *crecis*. Il paraît qu'il faut corriger *enrecis* = *enrequis*.

27. Vers trop court. Il faudra remplacer *pros*, qui est déjà au v. 25
par un adjectif de deux syllabes, peut-être *ricos*.

31. Corr. *preghars*.

35. Vers trop court de trois syllabes.

36 ss.: « puisque mon cœur ne l'estime point (c.-à-d. l'avoir) à un
tel point que je mente pour cela, dans mes chansons, à elle, à qui
j'obéis. »

37. Pour *mon cor* au lieu de *mos cors*, voy. *Inedita aus pariser
Handschriften*, p. xv, xvi et Mushacke, *Altprov. Marienklage*, p. 57.

55. Lisez *C'anc vis*, etc. ?

65. Lisez *Ja?* mais il manque encore une syllabe.

69. Lisez *ne l. ?*

69, 78. Vers trop courts.

77. *cil = que·ill,*

83, 100, 104. Pour *Sobira, n'Agout, Santongier,* voy. *Hist. de Languedoc,* X, p. 246, et Robert Meyer, *Leben des Trobadors Gaucelm Faidit,* p. 56, 57.

90. Vers trop court de deux syllabes, qui devaient contenir aussi la la rime en *os.*

Gr. 231, 2. Msc. D 260.

GUILLELMS RANOLS

Laissatz m'era de chantar,
mas per esquivar los danz
qe prenia iois e chanz,
m'er per eus pas a tornar.
5 e no·m chal s'entrels maritz
non es mos chanz achoillitz,
tan gen s'acord' ab los gais;
mas trop n'i trob de savais
abrigatz sotz bel parer,
10 quais qez ill cuion saber
de prez com vai ni don mou,
ez uns no tastec del brou.

Malvestat vei trop poiar
e prez decazer a panz,
15 e per colpa dels truanz
vei tot lo segle torbar,
qe·l bocs es al lop arditz
e l'austor sec la perdiz,
l'agnels garda e·l pastre pais,
20 e·l muls cavalca son fais,
e vei lo frevol tener
e·l fort bruzar e cazer
e·l carre denan lo bou
e nadal segrent an nou.

25 Si·m qers ni·m vols demandar
don es traitz aquest semblanz :

4, a]o. — *Les couplets 2 et 3 sont intervertis dans le manuscrit.* — 15.
delz. — 24. El.

    dels rics, qar per lor enganz
    los vol deus tant abaissar
    q'us frevols pobols petitz,
30 armatz de sobrepelitz,
    q'anc mais az enan no·s trais,
    lor tolon tors e palais,
    e·s fan contr'els tan temer
    qe contra lor fals poder
35 han bastit un segle nou,
    e no son mas oitz o nou.

Un beau sirventes de Guillem Rainol, dirigé comme celui-ci contre le clergé, mais plus encore contre Simon de Montfort et les Français, date des années 1216 à 1218. Voy. Stimming, Bertran de Born, pp. 82, 136.

2. *esqivar*, dans le sens de « détourner », manque dans Rayn.

12. *brou*, voy. *bro* dans Rayn.

22. Corr. *brucar* « broncher ». Raynouard n'a que la forme *burcar*.

24. *segrent* par métathèse pour *seguentre*.

————

I   Lo segle vei chamiar,
    per que·m lais de chantar,
    mais qe per ren que sia,
    que silh que solon dar
5   vei sofraitos istar
    e querer tota via.
    Eu que soilh m'amia
    e mos bras noit e dia
    e tinir e baisar,
10   car non o ppois far,
    gardas cals es ma via.

II   Ma vida, so me par,
    non pot gaire durar
    qu'en tal istamen sia,
15   car eu soil chavalchar
    e soen vestirs far,
    e gran legor n'avia,
    c'ara non sai qe sia
    iois ni chans ni amia.
20   be·m dei desconertar
    per mala senhioria.

4. solion. — 19. amia] at noa. — *Sont d'une écriture postérieure* : 4. (s)ilh, 7 (soil)h, 16 (vestir)s.

7 et 10. Vers trop courts.
20. Il manque un vers en -*ar*.

Ces deux couplets nous sont donnés comme l'œuvre de *Pere Car-denal*. Lui appartiennent-ils en effet? Peire Cardenal est pour nous l'auteur de véhéments sirventés contre une noblesse dégénérée et contre un clergé avide et immoral. Il est vrai que cette pièce-ci commence à peu près comme un sirventes moralisant ; mais c'est une note qui n'y est touchée que très légèrement ; ce sont plutôt les vers d'un amoureux élégiaque, qui pleure la perte de sa dame. Nous ne savons pas grand'chose de la vie de Peire Cardenal ; nous savons pourtant bien qu'il n'a pas toujours été le rigide censeur des mœurs d'autrui. Sa biographie nous le dit : *cant era petitz, sos paires lo mes per qua-norgue en la quanorguia major del Puei ; et apres letras, e saup ben lezer e chantar. E quant fo vengutz en etat d'ome, el s'azautet de la vanetat d'aquest mon, quar el se sentit gais e bels e joves* (Hist. de Languedoc X 270.) Et s'il n'y avait pas sa biographie pour nous le dire, nous l'apprendrions par ses poésies. Le couplet suivant n'est certainement pas d'un sévère moralisateur (Mahn, Gedichte 1254 C, 1255 R) :

<blockquote>

Qui·m fizava la renda e·l pezatge
de Polomnhac, ges non ai en coratge
que ieu n'embles lo pretz d'una fivella ;
      mas qui iovensella
5   mi comandava bella,
      paor ai piuzella
      no fos al cap del an ;
. . . . [1]
      qu'ans que aur ni vayssella
10   ni denier ni bezan
. . . . [2]
      penria piuscella
      tozeta ben estan,
         trepan
15   aital iarbaudella [3]
   que m'anes embrassan.

</blockquote>

Dans deux autres poésies, Peire Cardenal nous donne à entendre

---

[1-2] 8 et 11. Il manque un vers de deux syllabes en -*an*.

[3] 15. *larbaudella* n'est qu'en C ; R a une lacune. Il paraît que le mot, qui sera dérivé de *girbaut*, signifie une danse.

qu'il a connu l'amour. Mais il est bien aise de lui avoir échappé (Mahn, Werke II 209, Raynouard, Choix III 438) :

« A présent je puis me louer de l'amour, puisqu'il ne m'empêche ni de manger ni de dormir. Je ne sens ni froideur ni chaleur. Je ne bâille ni ne soupire ni ne rôde pendant la nuit. Je ne suis ni conquis ni tourmenté. Je ne suis ni triste ni affligé. Je n'engage pas de messagers. Je ne suis ni trahi ni trompé, puisque je m'en suis échappé avec mes dés. »

« Et j'ai d'autres plaisirs plus grands : je ne trahis ni ne fais trahir ; je ne crains pas que traîtresse ni traître ni furieux jaloux me causent du chagrin. Je ne suis pas en fou vassellage. Je ne suis ni battu ni jeté en bas. On ne m'emprisonne ni ne me pille. Je ne fais pas de folle attente Je ne dis pas que je sois forcé d'amour ni qu'on m'ait volé mon cœur. »

Il parle à peu près de la même manière dans la pièce *Ben tenh per folh e per muzart* (Rayn. III 436, Mahn Werke II 210). Certes, l'amie que Peire Cardenal est si content d'avoir quittée n'est pas celle dont on pleure la perte dans les deux couplets en question.

Il y a beaucoup plus d'affinité de sentiments entre ces couplets et une autre pièce de Peire Cardenal (Mahn, Gedichte 1248-49) :

Lo plus fis drutz ·q'anc nasqes
seri 'eu, s'ami 'ages,
qe, ia plaiser no·m feses,
ben fora sos hom ades ;
5   c'una ves amei
e per aizo sai
d'amor consi vai,
ni con amarai
autra ves, qan mi volrai.

10   Amors, qi la semenes,
nasqera aitan espes
qe per un gran n'agr'om tres
e d'un plaiser mais de des
    e vint d'un demei,
15   e d'un iai verai
naisseran cen iai,
tro disses : ieu n'ai
mil tanz q'ieu non semenai.

On ne dira peut-être pas que l'auteur de cette pièce ne puisse pas être celui des deux couplets.

Voyons si la métrique des couplets peut nous éclairer. Leur *compas* est celui-ci : *aabaabbbaab, b* est féminin ; les vers sont de 6 syllabes. Il ne paraît pas qu'il nous soit parvenu une pièce d'un compas tout à fait identique et avec exactement les mêmes rimes. Il est pourtant évident que quelques poésies que nous possédons ont des rapports métriques avec celle-ci. Il y a deux pièces qui ont le même compas, augmenté de deux fois *bbaab*. Ce sont : Gui d'Uisel *N'Ebles pos endeptatz* (MG 530, Suchier Denkm. p. 328) et Fraire menor, *Cor ai e voluntat* (Choix, IV, 469, Mahn Werke III 295).

La rime *b* de ces deux pièces est identique avec la rime *b* des deux couplets ; la rime *a* est en *ar* dans ceux-ci, en *atz* dans ceux-là ; ce sont donc des rimes qu'on pourrait dire apparentées. Mais ce qui est plus évident encore, c'est que les deux couplets ont des rapports avec la pièce *Lo segle m'es camjatz* de Bertran d'Alamano (Choix IV 330, Mahn Werke III 146). Il est vrai que le compas de cette poésie a encore trois vers (*aab*) de plus que celui des pièces de Gui d'Uisel et de Fraire menor et que la rime *a* est aussi en *atz*. Mais les couplets et cette pièce se ressemblent par le sujet et par le ton, et les deux poésies commencent presque par les mêmes mots. Il est clair que l'une des deux est l'imitation de l'autre. Laquelle est l'original ? On ne doutera guère, en les lisant, que ce ne soit la pièce de Bertran d'Alamano. Si, pourtant, on ne veut pas se fier à la sûreté de ce jugement de première vue, on demandera laquelle des deux formes métriques, qui, nous l'avons vu, diffèrent par le nombre des vers et par la rime *a*, est la forme originale. Il ne paraît pas probable que ce compas soit inventé pour aucune des quatre pièces. Celle de Gui d'Uisel est une tenson, celle de Fraire menor est une prière à la Vierge, on appellera sirventes la pièce de Bertran ainsi que les deux couplets.

Il est tout d'abord vraisemblable que les trois pièces, dont rien ne prouve que deux en soient faites sur la troisième, ont conservé la rime originale plutôt que la pièce isolée. Ce serait donc la rime -*atz* qui aurait appartenu au prototype. En effet, la poésie de Gui[i] d'Uisel a toutes les chances d'être la plus ancienne des quatre. S'il en est ainsi, il faut encore conclure que la pièce de Bertran est antérieure aux deux couplets. Peire Cardenal serait donc l'imitateur de Bertran d'Alamano, non seulement pour la forme métrique mais aussi pour le contenu et pour le ton de cette poésie [1]. Il est difficile,

---

[1] La rime *via*=*vida* v. 11 ne serait pas une preuve contre Peire Cardenal. La même rime se retrouve chez lui p. ex. dans la pièce *Ben tenh per folh e per muzart* cobla 4.

et même impossible de le croire, parce que ces deux couplets appartiendraient certainement au commencement de la carrière poétique de Peire Cardenal, c'est-à-dire au commencement du XIIIe siècle, tandis que Bertran appartient au deuxième tiers de ce siècle (O. Schultz, Zeitschrift IX p. 134 s.).

Il est donc de toute vraisemblance que les deux couplets ne sont point l'œuvre de Peire Cardenal.

GUILLEM PEIRE

Grundriss, n° 345,2. — Ms. D 197 (=Dᵃ); les couplets 2, 4 et 5
aussi D 259 (=Dᵉ)

I   Eu chantera de gauz e voluntos
     un sirventes, qui per dreit lo·m grazis,
     car hom, si·m voill, meillz de mi non chaucis
     d'aqels q'eu vei qals es avols e bos;
5   per qe n'ai malvolenz
         toz los flacs recrezenz,
     car lor voill vertat retraire,
     mas eu non puos far ren als,
     qar ma razos es aitals.

II   E pos aitals conois q'es ma razos,
     als pros serai bendisenz et aclis
     et als malvaz serai, q'aisi·s partis,
     braus et esqius e mals et orgoillos;
       qar ab deschauzimenz
15   venz hom las avols genz,
     et ab ben, qui o sap faire,
     venz hom los pros e·ls leials,
     per qu'eu serai bos e mals.

III   Trop m'enoia d'avol home ricos,
20   que grant honor ni grant terra baillis
     e cuida aunir sos pros paubres vezis
     senes donar e senes messios,

---

1. *Graphie* de Dᵃ — chanterai Dᵃ — 5. nai *deux fois* Dᵉ — 10. co-
nosc Dᵉ — 11. benuolenz ez aolis Dᵉ — 12. al m. Dᵃ — 14. Qant Dᵃ —
19. ricors Dᵃ

e cuida esser valenz
per faire bastimenz,
25   et es parlers e gabaire.
aqels plus qe deners fals
non deu esser prez cabals.

IV   No·m plaz rics hom, si non es amoros,
ni·m plaz dompna, si gent non acuillis,
30   ni·m plaz donçels, si de gauz non servis,
ni doncela, si non a bel respos,
ni·m plaz escars manenz
ni ioglars desplazenz,
ni·m plaz hom trop menazaire,
35   ni·m plaz q'om en toz logals
demostre qi er ni qals.

V   Car eu ai vist en corz mantas sazos
maint bon solaz perdre per avol ris
e mainz bos moz que, si fos qi·ls auzis
40   ni·ls entendes, qe for' honors e pros;
per q'es aitals mos senz
c'ab los desconoissenz
non aia compaigna gaire,
qar ia non seria sals;
45   e lais m'en e parlem d'als.

VI   Als valenz sui ses cor vaire
e als pros amics corals
e vas fin'amor leials.

VII   Deus sal l'adreit barataire,
50   Girbert, q'es flors e seignals
de toz bos faiz naturals.

---

30. denzels D^c; de *manque* D^c; nom s. D^a — 33. Nuglars D$_c$ — 34. menasaire D^c — 38. bon] bel D$_c$ — 39. maint D^a — 40. entendes D$_d$; fos D$_d$.

V. 26, 27. « A ceux-ci, qui sont plus faux qu'un (faux) denier[1], prix ne doit appartenir. » Je traduis *cabal* ici par « ce qui appartient, qui

---

[1] Ma copie porte *deuers*, ce qui se traduirait, « qui sont plus faux qu'il ne faudrait »; mais je pense qu'il vaut mieux lire *deners*.

convient, qui échoit en partage », signification que le mot a encore en espagnol et qu'il a eue assez souvent, je pense, aussi en provençal.

Cette poésie se trouve chez M. Bartsch sous le nom de Peire Guillem de Toloza. M. Stengel a déjà fait remarquer (Zeitschrift I 389) que le manuscrit ne nous donne pas le nom de Peire Guillem. mais de *Guillem Peire*, et en renvoyant (ibid. I 388) à cette pièce au numéro 227 de la liste de Bartsch, il l'attribue à G. P. de Cazals, le seul troubadour qui, dans Bartsch, se nomme Guillem Peire. Mais l'auteur de cette pièce est-il en effet G. P. de Cazals ? Toutes les poésies de ce troubadour se trouvent dans le manuscrit C, et elles ne se trouvent presque toutes que dans ce seul manuscrit, qui pourtant ne contient pas notre pièce. Toutes les pièces de Guillem Peire de Cazals, excepté la tenson avec Bernart de la Barta, sont des poésies amoureuses, tandis que nous avons à faire ici avec un sirventes. Presque toutes les pièces de ce troubadour ramènent dans la tornada le nom d'Ardit [1], tandis que cette pièce y nomme un Girbert, dont je ne sais rien dire.

---

[1] Il n'y a que les pièces 8 et 10 qui fassent exception, mais aussi n'ont-elles pas de tornada. La pièce 8 est remarquable aussi à d'autres égards ; elle n'entre pas dans le cadre ordinaire des poésies courtoises, mais elle nous fait penser plutôt à quelques pièces des trouvères. M. P. Meyer en a fait imprimer les deux premiers couplets dans la Romania X 265. En attendant la monographie sur Guillem Peire de Cazals que nous a promise M. Levy, je vais transcrire ici la pièce entière d'après le msc. C (fol. 246), qui seul la contient :

1   D'una leu chanso ai cor que·m entremeta,
      q'una dona·m fai la razo e la·m dona,
      qu'aras, quan la prec, mi ditz qu'alhors cometa,
      cum s'anc mais no fos deiosta sa persona.
5   mala m'es e brava e sobreira,
        ieu no sai lo cum ni perque,
        que ieu la vi ia d'aital manieyra
          que de cor m'aimava e de fe.
      eras, mas li platz, vol que passon......,
10   e fora·l trop mielhs que duresson iasse,
      qu'ieu veni 'a lieys e de nueitz e de dias
      totas las veguadas que·m mandava a se.

II   Be·s degra albirar, ans qu'aital cor se meta,
      cum soliam far tercia et ora nona

---

7 Quieu; taital.— 9. *ms.* sollatz, *ou* soliatz; *on pourrait écrire* folias, *si ce mot ne se trouvait pas en rime au vers* 23.

Le compas ne permet aucune conclusion quant à l'attribution, puisque la même forme ne se retrouve chez aucun troubadour.

Ainsi je ne puis certainement pas contester que la pièce n'appar-

15	e las autras horas e nostra completa,
	que durava leu tro qu'om la prima sona.
	tot sabrai si es fracha o entieyra
	ni·m laissa del tot o·m rete
	o si es ges que autr'om la·m enquieira
20	o de qu'o vol dir, quar no·m cre.
	verament hi falh, qu'ieu no·m pretz ren fadias,
	silla·m tolh s'amor et autruy la cove,
	qu 'om no n fara ia los sens ni las folias
	ni·l guap ni las novas qu'ieu en fas ancse.

III	Senhors, que si·m tolh, ben a sen de tozeta,
	qu'aissi m'era 'n tan franqu'e lials e bona
	qu'ie·us man per ma fe, be·s clamera lasseta,
	quan n'estava guaire. greu m'es que zo despona,
	qu'ella cum camjans e leugieira
30	cuy no membr'amors ni sove,
	no vol ges negueis qu'ieu li refieira
	gracias ni grat ni merce.
	mas mal aion huey totas sas manentias,
	que ben leu si cuia qu'ie·lh prec que m'en estre.
35	aissi las li quit; ges no vuelh sion mias,
	per qu'ella·s n'azir ni n'estey mal ab me.

IV	Ben mi meravilh qu'enaissi s'endemeta,
	qu'ans cugey levesson las peiras d'Alzona,
	l'una ves Paris e l'autra ves Toleta,
40	qu'ella per aisso·m fos mala ni fellona
	ni ia a mon dan per mi vires carreira
	cum folla, qu'avers va e ve.
	ai, s'ieu agues ben fag a la fieyra,
	cum for' aculhitz gent e bel
45	qu'adoncx foran sert demandadas mas vias,
	e sufrira leu que·l mezes mas mas el se;
	aras non o vol, e si l'agr'ieu de guias
	datz senchas et anels et aurfre.

24. *bis* fis. — 25. quossim t. — 29. leugieiras — 31. li]luy. — 41. *Trois syllabes de trop; suppr.* ia *et* per mi. — 46. *Une syllabe de trop; corr.* leu·l mezes ? — 48. *Deux syllabes manquent.*

tienne à Guillem Peire de Cazals, mais il me paraît que nous sommes
encore moins autorisés à la lui attribuer.

v   Aras par l'amors quon a estat ab veta,¹
50   que ieu non l'ai tort n'ilh no m'en ocaizona,
    e·m falh ; mas pauc sap que·m ai en ma boneta,
    qu'enqueras ai pro d'aquo ab q'om perdona.
       ben vey qu'esser volgra ma guerreira,
       s'aissi loniament si mante,
55   e si·m ditz hom ben en sa carrieira
       que mai per plan gienh non fai re.
    ai, segle l quo·t volfs, quo·t tornas, quo·t cambias !
    qu'ella per nulh plag de re ves mi·s mal me,
    que totz temps li degran membrar las parias
60   quan nos iogavam al mieu sal e·l sieu ple.

53. *Une syllabe de trop ; lis.*vol. — 55. *Je ne suis pas sûr du sens des
vers* **55** *et* **56**.

Je ne suis pas sûr s'il faut compter huit ou neuf syllabes pour le
cinquième vers de chaque couplet. Guillem Figueira 7, qui a imité la
forme, n'a, le plus souvent, que huit syllabes. Mais cela ne prouve pas
grand'chose. La rime *e*, chez Guillem Figueira est *ia* et P. Meyer a
cru devoir changer pour cela toutes les rimes en *ias* de la pièce de
Guillem Peire. S'il avait lu cette poésie jusqu'à la fin, il aurait vu que
ce changement est impossible au v. 57. — La correction *e tota completa*
proposée par M. Meyer pour *e nostra c.* au v. 15, est plus que super-
flue. — Pour *las peiras d'Alzona,* voy. Noulet, Les Pierres de Naurouse
et leur légende, Mémoires de l'Académie des sciences, inscriptions et
belles-lettres de Toulouse, 7ᵉ série, t. IV, p. 132.

Grundriss, 349. 4. — Ms. a 245.

EN PEIRE MILON

I   Per pratz vertz ni per amor
      non chant ni per bosc foillutz
      ni per mai ni per pascor
      ni per clars rius c'ai vegutz,
5   ni per chant d'auzel ni critz
      ni per vergier q'es floritz,
      mas per las bonas del mon
      domnas comenz ma chanzon,
         cui eu am.

II   E non sui ies recrezutz,
      si tot amor me faillitz,
      q'eu non am chant e desdutz
      e qe ioi non sei grazitz.
      gardatz, s'eu agues razo
15   de far gauz e mession,
      com fora de gran valor !
      mas d'amor non ai sabor
         ni·n iauzi.

III   Tot iorn mi 'stauc sbaitz
20   e soi en gran sospeizo,
      ni ia mon cor n'er sclairitz,
      q'enaissi es la saizo,
      c' amic senz cor trichador
      serai e fin amador,

8. domas, n *ajouté par une deuxième main.* — 19. *Une syllabe manque; lisez* esbaitz.

25 mas, car non soi conogutz,
e mes, cant fatz, en descutz
ni no·m val.

IV   Res no·n pot dar garizon,
si non cel qu'es bellazor
30   d'oils, de cor e de faizon ;
e per zo soi en error ;
be·n par qe·l mont ai perdutz,
pois c'amor non ai agutz,
don totz temps soi encubitz;
35   e de cel mal fui garitz
ni i ai pro.

V   Veiatz. — e qe? — qe ricor
no·m val. — ont? — en esser drutz. —
si fa. — e con? — la gensor
40   gardatz. — si fei. — a·l saubutz? —
non. — per qe? — qe tant arditz
non soi. — non en malditz ;
non posc als. — ar mi respon :
es larc? — oc. — e malvatz? — non,
45   ni vilan.

VI   S'aissi es, non ses vencutz. —
eu non, tro c'aia·l speritz. —
sofre lo dart e l'escutz. —
eu oc, qe tant m'abeillitz. —
50   manda li qe·t fassa un don. —
eu oc, be, senz contenzon. —
q'un ris te don per amor. —
s'aizo faz, fa don meillor
no·m des plus.

28. Bes. — 34. son *corrigé en* soi *par la deuxième main.* — 41. ar·
ditz *changé en* aiditz *par la deuxième main.* — 42 *Une syllabe manque ;*
ajoutez la réponse fols ! *après* non soi? — 54. *Il y avait d'abord* nom es
de plus. *Puis on a biffé* es *et on a ajouté un* s *à* de *Je ne comprends pas.*
Peut-être on aurait dû biffer (ou ne pas ajouter?) plus *et changer* de *en*
re *ou* res : ·no·m es res.

Grundriss 349,5. — Msc. a 244.

EN PEIRE MILON

I   Pos l'uns auzels envas l'autre s'atura
de lais, de critz, de voutas, de chantar,
e per amor de plaire s'esbaudeia
e·il riu son clar qi corren per valeia,
5   ben son doncs fols, q'en amor no·m atur,
e car no soi ara gai e chantaire,
pois c'aissi es, eu chant e m'esbaudei,
e pois q'eu vei reverdir bosc e prea.

II   Per vos, amors, chascuns hom se meillura,
10 car hom n'es larcs e cortes et sap far
tot chauzimen, e per vos si domneia
drutz en chambra ab sa domna privea.
ben soi iratz car per vos non meillur
e car non saup ancar qe fos a faire ;
15 non sap qe fos domneiar ni domnei,
qe ma domna del tot s'en es alea.

III Qe·l iorn q'ela se mira, non a cura
de negun hom qe la pogues amar,
ni non auzira hom qi la veia,
20 per q'ieu volgra qe·l mirador fos spea.

3. de *manque*; (s'e)s(baudeia) *ajouté par la deuxième main.* — 4. riu] lui, *corr. par la deuxième main en* riu. — 8. posc.

16. *La deuxième main a mis un point au-dessous du* (s'e)n *et un* u *au-dessus; il faudrait donc lire* se ve salea; *nous allons discuter cette leçon.*

19. *Une syllabe manque.*

iurar vos puesc, domna, qe d'als non cur
ester de vos, de cui sui fiz amaire.
cant vostre cors avinent gart e vei,
mi par qe Deu sia en la contrea.

IV   Ai, franca res, non siatz tant endura,
pois qe sabez q'eu no m'en puesc strar :
cant penz de vos, e non sai con se seia,
tot m'art del dol lo ventre e la coreia ;
e ia non vol razon qe l'om s'endur
30 enver celui qi no s'en pot estraire
de lei amar, de servir, on si sei ;
mas tal razo a vos nes agrea.

V   De totz bos aibs poia, e donc peiura,
car il merces a leis non vol atrar.
35 ar qe farai, pois merces no·n l'autreia ?
eu atendrai, d'aitant l'ai afieia
que meillurar vol avanz q'eu peiur,
e si·l plagues q'ela·m degnes atraire,
pois qe sos om liges a li m'autrei,
40 er ben s'orgoil en li fos avalea.

---

21. *Première main* virar, *changé par la deuxième main en* iurar. —
26. *Une syllabe manque; corr.* estrar. — 32. *Une syllabe manque; peut-
on, en supposant un participe abrégé* agrat *fem.* agrea, *qui correspondrait à* endur, *fem.* endura v. 25, *lire* non es agrea? *ou ne faut-il pas
plutôt admettre* n'es = non es *et lire* n'es agra(d)ea? — 34. val atrair. —
*Les vers 33 à 40 ne sont pas à leur place. Il ne me paraît pas douteux
qu'il ne faille les insérer après le vers* 16.

La forme métrique de ces deux pièces n'est pas dépourvue d'intérêt. Le compas de la première est assez simple :

$$a_7 \; b_7 \; a_7 \; b_7 \; c_7 \; c_7 \; d_7 \; d_7 \; c_3,$$

mais, en revanche, les couplets se trouvent liés par un curieux changement de rimes. La rime qui est la deuxième dans un couplet, est
toujours la première dans le couplet suivant, la troisième devient la
deuxième, la quatrième la troisième, et la première la quatrième. Le
dernier vers, enfin, celui de trois syllabes, reçoit chaque fois une nouvelle terminaison et n'est jamais rimé à aucun autre. Il y a quelques
exemples d'un pareil déplacement de rimes. Arnaut de Marueill 26 et

Elias Fonsalada 2 présentent le même système. Mais les compas de
ces pièces sont différents. D'autres, et de plus nombreuses poésies
font voir un système opposé, mais pourtant semblable : la première
rime de chaque couplet y devient la deuxième dans le couplet suivant, la deuxième devient la troisième, et ainsi de suite.

L'autre pièce de Peire Milon a la forme :

a b c d e f g d, vers de dix syllabes ; les rimes a c d f sont féminines. Mais les vers 1 2 3 de chaque couplet correspondent aux vers 5
6 7, en ce que a et e, b et f, c et g sont des « rimes grammaticales ».
Si nous désignons la rime féminine par la lettre grecque correspondant à la lettre latine qui désigne la rime masculine, la forme sera :

$$\alpha \text{ b } \gamma \text{ d} \qquad \alpha \; \beta \text{ c d.}$$

Je ne vois pas qu'il y ait aucune autre pièce de la même forme.

Il paraît donc que Peire Milon est un troubadour qui s'étudie à
composer dans des formes assez compliquées. Nous sommes d'autant
plus surpris de voir ce troubadour faire quelquefois ses poésies sur
des formes simples qui ne lui appartiennent pas. J'ai déjà fait remarquer, dans mon édition de *Peire Rogier*, p. 91, que Peire Milon 1 a
la même forme métrique et les mêmes rimes que *Belh Monruelh, ais-
selh que·s part de vos*, attribué à Bernart de Ventadorn, et que le
numéro 7 est identique, pour la forme et les rimes, à Peire Raimon de
Toloza 16, n° 9 à 461, 77, auquel il faut ajouter encore Peirol 9. Je
ne connais pas de modèles pour les autres pièces de Peire Milon [1],
mais après avoir constaté l'imitation dans quelques cas, l'originalité
de Peire Milon nous sera suspecte aussi dans les autres.

Mais il y a dans les deux poésies de Peire Milon ce qui nous inté-
resse beaucoup plus que leur forme métrique : c'est la langue dans
laquelle elles ont été écrites. Nous sommes frappés d'abord, dans la
première pièce, par les rimes *mon* (monde), *respon* avec *chanzon, razo,
mession*, etc. Ces rimes pourraient, toutefois, appartenir aux cas
exceptionnels, mais point bien rares, où une terminaison avec *n* stable
rime à une autre avec *n* instable, cas dont parle M. Lienig dans son
consciencieux travail *Die Grammatik der provenzalischen Leys d'A-
mors verglichen mit der Sprache der Troubadours*, p. 97. Mais nous
sommes bien plus surpris de trouver dans l'autre pièce des rimes en
-ea ou *-eia* qui, s'il y en a des exemples dans la littérature épique,
ne se trouvent guère chez les troubadours. Il est vrai qu'il serait aisé
de remplacer presque toutes ces formes en *-ea, -eia* par des formes

---

[1] N° 2 a la même forme que Guillem de Cabestanh 7 et que la pièce
anonyme qui est publiée dans Suchier *Denkmaeler*, p. 320, mais les
rimes sont différentes.

en -*ada* ; mais, en continuant l'examen des poésies de Peire Milon,
on ne sera pas long à s'apercevoir que ce poète ne s'est point servi
de la pure langue littéraire des troubadours, et on se gardera bien
d'introduire dans un texte soi-disant critique les formes de cette langue.

Il faut donc étudier la langue ou le dialecte de Peire Milon. Pour
faciliter cette étude, j'ai abandonné l'idée de donner les deux pièces
ci-dessus dans un texte critique, ce qui, du reste, me paraîtrait assez
difficile à faire. Je les ai reproduites, sauf quelques petites corrections, exactement comme elles se trouvent dans le msc. a. Et je vais
ajouter à ces deux pièces toutes les autres de Peire Milon, à l'exception des n°s 2 et 8, qui ont été publiés, il n'y a pas longtemps,
dans mes *Provenzalische Inedita aus Pariser Handschriften*, p. 239
et 242.

––––––––

Le n° 1 se trouve, d'après les manuscrits CI, dans Bartsch, Peire
Vidal, p. 130, et d'après les manuscrits IN dans Mahn, Gedichte,
n°s 672, 673. Le texte de Bartsch est généralement formé sur la leçon de C. Je reproduis la même poésie, en prenant pour base les
manuscrits INa, et pour l'orthographe le msc. N [1].

Grundriss, 349, 1. — Ms. C 44, I 148, N 103, a 243.
La chanson se trouve encore dans Kd.

I   Aisi m'aven com cel qui segnor dos
       serv per tosttenps ni no·n a ghierdos,
       e de ben far envas lor s'afortis,
       e çascun iorn son plus contrarios.
5   hai ! per qe·l fan ? za comanda razos :
       cel qui ben fai, deu ben trobar amis.

II   Ben posc esser d'una ren doloros :
       qar anc d'amor non fui aventuros
       ni de domna, e 'nvas lor sui aclis.

1. qui] qua I ; senhors C, seigniors a. — 2. *manque dans* I ; ni] e C ;
a] aten C, ai a. — 3 *et 4 ont changé de place dans* I. — 3. e.] on uas I. —
5. quo f. C ; fai I. — 6. que CI.

7. de una N. — 9. E I ; de *deux fois dans* a ; domnei vas I, donas e
vas a ; lui C.

[1] Les variantes de C sont données d'après Bartsch.

10 com en servir met plus m'entencios,
eu mai li trob vas mi plus airos,
ni non faz ren que a lor abellis.

III Ara vei eu qe rason chai eu ios
e qe orgoil poza, sens fallizos,
15 pois qe·l servir del tot se relenqis
e qe·l benfaig e del tot nuallios,
quant hom merces demanda sens caisos
e perdon qer d'aisso qe non failis.

IV Pois que no·m val merces, dreig ni raxos,
20 servir, ben far, esser fiçels ni bos,
pauc mi valgra s'eu sui fel ni enis.
pois q'aisi es qar non trob garisos,
plor e sospir et estauc tenebros,
et enaisi viurai trosc'a la fis.

V Be·m meravil, qui anc no fon ioios
e senpr estai mariz et angoisos,
com po viure, qi d'amor non iois
ni no·n aten ni bel diz ni bel dos?
que si m'a fagh la bella de cui sos,
30 sens colp de fust m'a mort e m'a conqis.

VI Hai Deus, que non posc esser amoros
della bella que·m fai star tant iros !

10. met] es C, mer I. — 11. li IN, los Ca. — 12. E no fauc C; a] ia C.,
13. Ar I; razos Ca, rasons I; sos N.— 14. orgolhs Ca. — 15. *manque
dans* C (?, *selon M. Bartsch*); nelenquis I. — 16. quels I; bons faitz I, be
fagz a; es (*après* del tot) C, son I, es a. — 17. merce C; deman don
INa; razos C. — 18. *manque dans* I; de ço N.

19 à 24 *manquent dans* C. — 19. num N; merce I.— 20. fizel a ; fins
ni ons l. — 21. ualgria I; sui *manque dans* a; fol I, fols a. — 22 qar]
qe a. — 23. can estauc t. I, con estagh t. N, et estauc t. a. — 24. tro
calaisi I; fiz a.

25. que C; fos C, fui I, foi N. — 26. estauc C, estar IN; smariz N;
aziros C, airos IN, angoizos a. — 27. damor esta ios C; i.] gequis l,
geghis N.

28. no i a. IN; bels digs ni gens d. C, b. dit ni b. d.I, bels digz ni
bels d. a. — 29. Quaissi C ; Ques mafanz I, Ques ma f. N ; b. de ioi
blos C. — 30. Ses colpa ma amor dira c. C.

31. queu IN. — 32. Deilla b. N ; quim N; estar i. C.

mas quan ie vegh sa bocħa e son cler vis,
al cor mi toca una tal passios

35 con la poges baisar! — per fin'amors,
no sai qu'eu dic, tam son mei enemis.

VII   Zançon,......, que no·n plaz autre mis
e va t'en tost a la bella de cui sos,
e dig li ben q'eu mor de l'amor sos

40 si eu no bais li sos clers oillz voltis.

---

33. boca el clar uis sieu ioyos C; ie IN, eu a; uei CI, ueg a. — 34. A
c. I; tals C; pensios I, penssios N. — 35. Quel cug·b. tan sui damor
cochos C. — 36. sai] sia I; quem d. C; tan CIa; mos C, nic IN, mei a.
37. Tan son I; lauzan C, laissat I, lauzat N, lauzac *changé en* lanzac
a; quieu no uuelh autrescos C, que non plaz (nom plat I) a. m. IN, qieu
no voil a. m. a. — 38. vai CI; al b. C, la b. I, a la b. N, ab b. a.— 39.
moir a; E digas lim q. m. de samor blos C. — 40. E sieu I, E seu N :
los Ca, li I, lis N; bels C, clars a.

21. M. Bartsch a corrigé *valgra* en *valra*. Il semble, en effet, nécessaire de lire, ou *valra* et *sui,* ou *valgra* et *fos.*

25-30. Le texte de ce couplet reste bien douteux. J'ai suivi le msc. a
mais sans être bien sûr d'avoir trouvé le bon chemin. Les premiers
quatre vers me semblent présenter la construction ἀπὸ κοινοῦ dont parle
M. Tobler dans les « Vermischte Beiträge » I 115 ss. Le dernier
vers n'est pas très satisfaisant dans cette forme, mais la leçon de C,
qui seul s'en écarte, ne satisfait pas mieux.

37. M. Bartsch a écrit : *Chanson, lassat,* ce qu'il a traduit probablement : « Chanson, lace-toi (pour te mettre en route) », et on serait
content de trouver cela dans les manuscrits. Mais il n'en est rien. Il
paraît certain qu'il y a eu dans l'original ou *lauz-* ou *lanz-.* Mais peut-
on écrire *lanza·t,* au lieu de *lanzac* dans a, et traduire « élance-toi »
ou, avec C, *lauza·n = lauza·m,* et traduire « loue-moi »? Je ne puis
me décider à mettre dans le texte ni l'un ni l'autre.

38. Le vers a une syllabe de trop, ce qui est corrigé dans les manuscrits d'une manière différente. Peut-être C a-t-il raison d'introduire la forme appuyée de l'article féminin *l,* laquelle n'est pas sans
exemple.

Grundriss 349, 3. Imprimé Rayn. V, 319; Mahn, Werke III, 333.
Msc. N 105.

En amor trob pietat gran,
  e·l diz un pauc en sospiran,
car la prima lettra d'amor
apellon A, e nota plor,
5 e las autras qui apres van
M O R, et en contan
ajostas las, e diran : mor.
donc qui ben ama plangen mor ;
d'amor mor eu plangen tot l'an;
10 si pens fassan li autre fin aman.

6. Il manque une syllabe. On peut ajouter *son* au commencement
du vers. Ou faut-il compter deux syllabes pour le nom d'une des lettres : *emme* ou *erre ?*

7. Le poète n'a pas tenu compte de la différence des *o* en *amor*
et *mor*. Il s'ensuit, du reste, de ces vers que le *o* isolé, comme nom
de la lettre, se prononçait avec le son ouvert.

9. Raynouard et Mahn ont *d'amor. moren plagen*. Il est évident qu'il
faut corriger comme je l'ai fait.

————————

Grundriss 349, 6. — Msc. I (Mahn G 918), N (Mahn G 289), a 240. Je n'ai
pas eu à ma disposition les ms. K d.

1   Pois qe dal cor m'aven, farai chanzos,
e pois q'eu vei spandre flor de novel
e pois q'eu vei alegrar li auzel
qi van chantan sus l'arbre q'e follios ;
5   e pois q'eu vei l'un del autre·s ianzir,
ben puesc aver pensament e consir,
car anc un iorn no fui ioios d'amar,
ni ia per mal d'amor no·n posc estrar.

Orthogr. d'après a. — 2. espandre a ; f. da n. I. — 3. vi a. — 4. qes
f. I, quen f. N. — 5. luns del (dal I) a. IN. — 6. desir IN. — 8. estar IN.
estrair a.

II Domna, en vos trobei tals guierdos
10 com fa al lop lo chabrols e l'agnel,
qant enver lui ill corren senz revel
e laissam star las fedas e·ls moutos ;
aissi, domna, al prim, al mieu albir,
per la meillor eu vos cudai chauzir,
15 mas iogador ai vist soven iogar
qe get'a fal'e si cuia entrar.

III Hai, madona, ·l vostre cors orgoillos
tola d'aissi l'ira e·l capdel,
e fassa mi, si·us plaz, un semblan bel,
20 e ia poissas non serai tan iros.
meravill me, car am tant ni dezir,
qe per merces no vol un prec auzir,
e ia ac merces lo segner Deus d'un lar
qi en la crois li saup merce clamar.

IV Las ! qe farai ? morrai tan cossiros ?
oc, q'eu non puesc de leis aver apel,
e com li soi cascun iorn plus fizel,
eu mais la trop vas mi plus airos ;
e cant la veg encontra mi venir,
30 eu vauc vas leis tan ioios per servir,
donc se capten escura del iogar ;
mas ia vi far apres scur temps ben clar.

V Ara soi eu en carcer tenebros,

9. tal IN. — 10. fai I ; lup IN ; cabrel I, cabrol N. — 11. il uas I, inuas
N. — 12. laissa I, laisan N ; el montonz I. — 13. meu IN. — 14. casir N·
— 15. Ma i. IN. — 16. c.] euia *corrigé en* cuia a : Qui geta fal enuia ad
intrar I, qi ceta fal e senuia a intrar N.

17. cor IN. — 18. daissi e lira IN. — 19. E fam oimais I. — 20. pois IN :
serail IN ; sera tainor a. — 21. ni] e IN. — 22. per *manque dans* IN :
non *manque* I ; uolon N ; mes precs I, mon p. N. — 23. Ça aug m. N :
dieu N ; lair a ; Car ac m. deu en la croitz dun l. I. — 24. crotz I, crutz
N ; il saus m. c. I, il sap merces c. N.

26. oc] e I ; da lei IN. — 27. cum I, con N ; sui IN ; fidel IN. — 29.
chan I ; ueng I ; me I. — 30. uau I, uaig N ; lei IN. — 31. Don I ; cogar
N. — 32. Mais uist I, Mas a ui N.

33. sui IN ; eu *manque* N.

sa par no vi en borg ni en castel,
35   qe eu non puesc trobar clau ni martel
qe·m puesca trar de leis mans del leos,
e pois merces, q'era claus del ubrir,
eu non la trop, soi vencutz, sens mentir,
ni ia per zo no·m recreirai d'amar,
40   q'ieu vi ia hom q'era vencutz, sobrar.

VI   Ai, mala res, Dieus vos lais repentir
del mal qe·m faitz, don m'aves fait soffrir,
c'aissi com pert tot'aiga douz'e mar
son nom, si·l pert en vos amors, so·n par.

34. b.] mur a. — 35. Queu I; tr.] fabregar I. — 36. Qui p. I, Quim
p. N; de les m. (las manz I) dun l. IN. — 37. clau IN; aubrir IN. —;
38. lai IN; sui IN. — 39. ia] ira I; non recrerai IN. — 40. Que uiu IN
queta ueritatz I, qera uencut N; cobrar IN.
41. gens I, rens N; nous laisse r. I.— 42. fais IN; mauetz I, mauecz
N; faig I, fag N; florir a. — 43 et 44 *manquent dans* I. — 43. aighe N.
— 44. amor com p. N.

16. J'ai suivi le ms. a pour ce vers, comme pour toute la chanson.
Mais *cuia* y est une correction postérieure. Il y avait d'abord *euia*, ce
qui s'approche de l'*enuia* des manuscrits IN. Il est possible qu'il faille
lire, avec N, *qi get'a fal'e s'envia a intrar* « qui jette de manière à
perdre (*fal'* = *falha*) dans son envie (*envia* = *enveia*) d'entrer (avec
son pion dans la case à occuper). » Ce qui se trouve dans I serait à
traduire « lequel (*qui* = *cui*) l'envie d'entrer fait tomber en perte. »
18. Je ne vois pas la signification de *capdel*. Il manque une ou deux
syllabes à la mesure du vers. Dans IN la mesure pourrait être complète, mais comment traduire *e l'ira e·l capdel?*

———

Gr. 349, 7. — Ms. I (Mahn G. 919), a 241. La chanson
se trouve encore dans KNd.

I   Quant on troba dos bos combatedor
d'engal proeza e d'engal garnimen
e l'uns non pot plus de l'autre nien,

Orthographe d'après a.— 1. oms I; combatedors a.

donc me sembla qe·l iocs fora maior;
5   e s'il son dos sobra a un, so·m par,
qi se combat qant q'el pot, pois merces
s'el lor clama, da blasmar non es ges ;
no·m meravil se·l sol non pot durar.

II   E pois qe·l dos q'es del venzer segnor
10   non an del sol merces ni chauzimen,
adonc s'en fan blasmar de tota gen
e lor afar torna a deshenor.
e s'un autre vol lo sol aiudar
e venqesson pois los dos, semblant m'es
15   qe tota gentz iutiera : granz bes es,
e da chascun il se feiran lauzar.

III   A vos, merces, complaing eu ma dolor,
qe no m'en pot aiudar om viven,
q'ieu soi lo sols qi·s combat escien
20   encontra dos : ma domna et amor,
e ia no·m val merces tot iorn clamar.
or m'aiudatz, si vos platz, gentils res,
qe chascuns hom vos grazira los bes,
pos qe no·m val ni ben dir ni ben far.

IV   E s'ieu pogues, en fugira aillor ;
mas l'us dels dos m'enchauza e·m repren,
qe cor plus tost c'auzel qi va volen ;
estier mon grat mi fa tornar va lor,
e s'a merces plagues de secors dar,
30   non o pot far, se il tot o volgues,

4. Don I; ioc I; locs f. maiors a. — 5. s'il] si I; so p. I. — 6. Qe s
combet I; queill I. — 7. lor] li I; do b. I.
   9. quil I; de I. — 12. son a. I; desonor I. — 13. vol lo] vengues a. —
14. vensesen p. li d. I. — 15. tuta gen i. gran ben I. — 16. De c. l sen
faran l. I.
   17. mas dolors a. — 18. me p. I. — 19. Queu son lo sol qim scombat I.
— 20. Contra I: amors a. — 21. non u. tant iorn merce cl. I. — 22. Ar l;
sa u. p. I. — 23. v. g.] grazitz a ; lo I. — 24. ni b. d.] obedir I.
   25. Seu p. eu fugiria I; aillors a. — 26. Ma luns l. — 27. Qi a; qi] ni
a. — 28. valors a. — 30 il *manque* I.

qe ma donna no·l vol, qe m'a conqes,
anz vol q'eu moir 'e·n lais desesperar.

V   Ara posc eu tornar mon chant en plor,
pois q'eu non puesc fugir, qe l'unz mi pren ;
35   e pois non puesc durar, plus no·m defen.
pois de secors non posc aver valor,
las, qe farai ? no·m sai acoisselar,
se l'us dels dos non sta vas mi cortes ;
pois qe sos hom mi rent liges e pres,
40   sol del pechat qal qe be·m degra far.

VI   Ben es malvatz qi·s laissa perillar
alcun caitiu, s'aiudar li pogues,
pois q'envas lei ia non es mas repres
mas sol d'aitan : de servir e d'onrar.

VII   Ai, ma donna, si vas vos mi valgues
plor ni sospir ni maltrag q'eu agues,
ia per nul temps ioi non cug demandar.

31. midonz non u. I. — 32. muor em l. I.

33. plors a. — 34. lun I. — 35 *manque dans* I. — 36. valors a. — 37.
Lais I; aconseillar I.— 38. dos *manque* a. — 39. son I. — 40. qel qe a;
ben d. I.

41. B. maluais es qui l. I. — 42. lo p. I. — 43. lieis I; ia *manque* a :
m r.] mespres a.

45. sinuas I. — 46. maltrat I. — 47. iois ni aug dos mandar I.

1. Il semble d'abord que la rime doive être en -*ors*. Mais le manuscrit I a toujours -*or*, et le manuscrit a, qui, dans la plupart des cas,
a -*ors*, a pourtant deux fois la terminaison -*or*. La grammaire ne peut
rien décider dans un poète dont la langue est encore à étudier ; mais
la question est tranchée par la pièce 16 de Peire Raimon de Toloza,
laquelle, nous l'avons vu, est le modèle de cette chanson-ci pour la
forme et pour les rimes et qui présente la rime -*or*.

9. Il semble tout à fait indispensable de mettre *qe son (del venzer
segnor)*. Mais les manuscrits donnent, tous les deux, *q'es;* la mesure
ne permet pas d'introduire *qe son* sans des changements ultérieurs,
qui ne me paraissent pas bien faciles à faire. Il sera donc prudent de
laisser subsister *q'es* et de revenir à ce vers dans l'esquisse de la
langue du poète.

Gr. 349, 9. — Ms. I 147, K 133, N 102 (Mahn G. 288), a 242.
La chanson se trouve encore dans d.

I Si com lo mege fa crer
al malaut que crid' e brai,
qan li dis : « tu scanperai »
e del morir sap per ver,
5 e pero si·l relenqis
 inanz q'il morz sia,
ni no i va tan con solia,
qan s'aprosma de la fis,

II Aisi midon me promis
10 e·m dis qe gaudenz serai
del mal trag qe suferz ai,
don tornei mon plor en ris,
q'eu cuiava mon plaxer
 aver sens bauxia ;
15 ara veg qu'il non sufria
del seu bels oils mi veçer.

III E pero no·m desesper
ni ça no·m desperarai
ni desesperaz serai,
20 anz ferm en lei mon esper,
que per bon esper enrequis
 paubr'om manta via,
per desesper non ac mia
Iudas trager paradis.

Ordre des couplets dans IK : I II V III IV VI VII. — Orthographe d'a-
près N. — 1. metges a ; fai creire IK. — 2. malaud IK ; crit a. — 3. ditz
a ; scanparai IKa. — 5. delinquis IK, relinqis a. — 6. Enanz IKa ; qeil
a ; mort l. — 7. i va] viu IK ; can a. — 8. sia proisma a.
9. midonz men p. a. — 10. iausenz I, gaussenz K, gauzenz a. — 11.
traig IK ; Dels mals traitz a ; sufert IK. — 12. torne mom a ; e IK. — 13.
mom a ; mons plasers IK.— 14. Avers a. — 15. veig quel n. sofria IK.
— 16. Dels sieus a.
17. E manque IKN ; P. eu n. IK. — 18. desesperarai IKN. — 20. leis
a. — 21. requis IK. — 22. mainta a. — 23. aug I, augh K N. — 24. Vi-
das a ; perdet IK, tracher a.

IV   Deus ! per que ai mon cor mis
la dond ia non iausirai,
pois que sa promess' estrai
e·l non son oc contradis ?
pero·s dobla mei doler
30   e creis noitz e dia ;
ma ço·n sçembla gram fallia :
en prometre non-voler.

V   E per ço en non çaler
metrai el desir qu'eu n'ai.
35 fols ! que ai dig ? non farai,
que no·l vol çel qi'n'poder
m'a, per qu'eu m'afortis
en sa conpagnia,
que s'amor tan fort mi lia
40 que del tot il m'a conqis.

VI   Eu sui cel qui no·m gechis
per respeig, anz atendrai
ni ça no m'en recrerai,
anz serai de tot aclis,
45 qu'el mond non es nuls aver
qi·m des manentia,
per qu'eu mais en sa bailia
voil esser matin e ser.

VII   Cançon, Deu mi lais veçer
50 que tu dreiça via
anz a midon sens fallia
far lo meu maltrag saber.

---

25. Dieus a. — 26. Lai a ; don IKa. — 27. promessa e. a. — 28. hoc
Ka. — 29. Per oc (hoc K) d. IK ; doblal meu dolor a. — 30. Emcres
IK ; noit e diam a. — 31. E çom (com I) s. IK, Mas som s. a ; folia a.
33. E *manque* IK ; e IKa. — 34. el] ol IK ; que K. — 36. Quel IKN,
Qel a ; no IK, non N ; q̄ I, qen a. — 37. *Une syllabe manque.* — 38. con-
païga I. — 39. samors a ; me a. — 40. Qui IKN ; de t. a.

41. soi a.; qe la ; geqis a.— 42. respeitz IK, respeing N. — 43. recreira
a.— 44. del t. N.— 45. Quil IKN ; mont a ; nul a ; a.] homs (om K) ris
IK, omn uis N. — 46. manencia K.—47. qieu a ; sua N.— 48. mattin a.

49. Dieus a ; lai a. — 50. tu] lun IK ; dreicha I, dreiza K, dreita a.—
51. An IK ; midons IK ; a m.] midonz a. — 52. mieu a ; maltraig K.

21. Une syllabe de trop. IK ont *requis,* ce qu'on pourrait bien accepter; mais puisque non seulement a, mais aussi N, qui généralement est d'accord avec IK, présente *enrequis,* nous maintiendrons ce mot. On verra qu'il est permis de mettre *sper* au lieu d'*esper*.

48. On attendrait plutôt *no volgues,* mais la phrase positive a pu se glisser dans la construction voulue, de manière à faire supprimer la négation et remplacer le subjonctif par l'indicatif.

———

Pour préciser les traits qui caractérisent le langage de Peire Milon, on se tiendra naturellement en première ligne aux particularités qui se trouvent attestées par les rimes ou par la mesure des vers. Si on ne veut pas se contenter de ceci et chercher des renseignements dans les formes employées par les manuscrits à l'intérieur des vers, on aura le regret de se voir entravé par le manque d'études sur la langue et la manière d'écrire de ces manuscrits. On ne sait pas bien distinguer ce qui leur appartient de ce qui peut appartenir à leurs prototypes ou de ce qui peut n'être qu'une simple erreur de copiste. Toujours pourra-t-on tirer quelque profit des manuscrits, si l'on trouve des traits qui correspondent aux particularités attestées par la rime ou la mesure des vers, ou si l'on trouve des formes étrangères à la langue littéraire, mais communes à plusieurs manuscrits qui ne seraient pas étroitement apparentés.

VOYELLES TONIQUES

§ 1. Nous avons déjà mentionné les rimes en -*ea*, -*eia*, au lieu de -*ada,* dans la pièce 5. Il y a *ea* dans *prea* v. 8, *privea* 12, *aleu* 16[1], *spea* 20, *contrea* 24, *agrea* 32 (voir la note de ce vers), *avalea* 40; *eia* dans *valeia* 4, *coreia* 28, *afieia* 36.

Il ne serait pas impossible que ces deux formes eussent existé simultanément dans le langage de Peire Milon. Mais il s'agit de la rime, qui ne doit être qu'une. Il faudra donc choisir entre -*ea* et -*eia*. La majorité est pour -*ea*. Cela ne prouverait pas grand'chose, mais

[1] Nous avons dit, p. 188, que la leçon *senesalea* est la leçon primitive. Il faudra traduire: « Je ne sais ce que c'est que *domnei* parce que ma dame s'en est allée tout à fait, c.à d. s'en est tout éloignée. » La deuxième main a corrigé *seuesalea,* ce qui serait à traduire, paraît-il, « ma dame se voit toute salée. » Mais cette correction n'est guère heureuse. Elle sera causée de ce que *alar* n'est pas un mot de la langue littéraire.

on voit facilement comment -*eia* a pu être introduit pour -*ea*, tandis que le remplacement inverse ne s'explique guère. Le troisième vers de chaque couplet se termine en ·*eia*, mais dans un *eia* différent de celui qui nous occupe, et qui appartient à la langue littéraire : *esbaudeia, domneia, veia, autreia*. Or, les mots en *eia* au lieu d'*ea* se trouvant tous dans les quatrièmes vers des couplets, aucun dans les huitièmes, il est évident que cette terminaison y est due à l'influence des rimes précédentes.

§ 2. Une autre rime en -*eia* et qui n'est pas non plus, proprement, de la langue littéraire, se rencontre au vers 27 de la même pièce : *seia* pour *sia*. La forme se retrouve, en rime, pièce 8 v. 8, à l'intérieur du vers, 8 v. 36 mss I et K. Mais aussi *sia*, la forme littéraire, se trouve en rime : 9 v. 6. *Seia* n'est pas sans exemple dans les poésies des autres troubadours, voy. Albert Harnisch, Die altprovenzalische Praesens-und Imperfect-Bildung, Marburg, 1886, § 52. A côté des deux formes *seia* et *sia*, nous rencontrons une troisième : *sei*, à l'intérieur du vers, mais confirmée par le nombre des syllabes, 4 v. 13.

Dans *seia*, *ia* est remplacé par *eia*. Ce même phénomène se retrouve dans *traireia* 8 v. 32, qui n'est nullement dérivé d'un verbe ⁕*traireiar*, comme veut Harnisch l. c. p. 215, note 2, mais qui est l'imparfait du futur de *traire*.

§ 3. La pièce 5 nous offre en rime simultanément *far* v. 10 et *faire* v. 14, *estrar* 26 et *estraire* 30, *atrar* 34 et *atraire* 38. Les formes en *ar* (dont *far* est tout ordinaire, comme on sait) pourraient s'expliquer par des influences analogiques, mais puisque nous avons de même *lar* pour *laire* 6, 23 et *crer* pour *creire* 9, 1, on préférera une explication phonétique de toutes ces formes (autrement il faudrait expliquer *lar* par l'analogie de *bar, crer* par celle de *saber*, etc.). A l'intérieur des vers nous avons *trar* 6, 36 dans lNa. Pièce 8 v. 28. les mss. I et K portent *degra tar* pour *degra trair* du msc. a; il y aura eu *trar* dans le prototype, et si nous trouvons *cres* pour *creis* 8, 37, *s'aprosma* pour *s'aproisma* 9, 8 dans IK, et encore *de* pour *dei* 8, 37 dans les mêmes manuscrits et *torne* pour *tornei* 9 v. 12 dans a, il y faudra peut-être voir autre chose que des lapsus de copistes.

On pourra remarquer encore *cudai* au lieu de *cudei*, qui se trouve 6 v. 14 dans les trois manuscrits INa; on trouve, au contraire, *laisarei* pour -*ai* 8 v. 35, mais dans le seul msc. a. On n'attachera pas grande importance à *lup* pour *lop* 6, 10 mss. IN, *cruz* pour *crotz* 6, 24 msc. N, mais on remarquera *por*, au lieu de *par*, 8 v. 16 dans IK, qu'on prendrait pour une erreur, s'il n'y avait pas *poraulas* 8 v. 31 dans lK et *or* pour *ar* 7 v. 22 dans a. La forme isolée *qel qe* pour *qal qe* 7 v. 40, dans a, mérite aussi d'appeler notre attention.

VOYELLES ATONES

§ 5. *E* devant *s* et consonne, initiales en latin, est supprimé. Cette suppression n'a pas lieu dans toutes les circonstances, et nous ne sommes pas toujours sûrs s'il y a suppression ou peut-être synalèphe avec une voyelle précédente. Il pourrait y avoir synalèphe dans *tu scanparai* (*scanperai* N) 9 v. 3, mss. IKNa, peut être aussi dans *fai star* 1 v. 32, mss. IN (msc. a avait écrit *fai estar*, mais biffa *e*), et dans *vei spandre* 6 v. I, mss. IN. Mais il y a suppression dans les cas suivants :

Après *n* : *laissan star* 6 v. 12, msc. N (a : *luissam* I : *laissa*) ; *non sta* 7 v. 38, mss. Ia.

— *r* : *er sclairitz* 4 v. 21, msc. a.

— *l* : *tro c'aia·l speritz* 4 v. 47, msc. a.

— *s* : *volgues star* 2 v. 26, msc. a ; *apres scur temps* 6 v. 32, mss. INa (mais *se capten escura* v. 31).

Tous ces cas sont confirmés par la mesure des vers. Deux fois le msc. a omet *e* là où la mesure en demande la restitution : *mi stauc sbaitz* 4 v. 19 et *no men puesc strar* 5 v. 26. *Qi·m scombat* 7 v. 19, msc. I, est corrigé par a en *qi·s combat*.

§ 6. Dans 8 v. 20 *ire* pour *ira* rime avec *sospire*, *albire*, etc. Puisqu'*a* est affaibli ici en *e*, on peut voir aussi une forme féminine dans *contraire* 2 v. 12, qui se rapporte à *merces* (voy. pourtant § 20). Mais cet *e* doit-il son origine à la nature palatale du *r* précédent, laquelle est à supposer pour *contraire* et ne paraît pas impossible, vu le vieux français *irié* à côté d'*iré*, pour *ire* ? ou faut-il voir dans *e* la voyelle sourde qui est issue de l'*a* atone final et que plus tard les manuscrits écrivent tantôt *a*, tantôt *e* (et de plus en plus souvent *o*) ? A l'intérieur des vers les manuscrits nous offrent encore *aighe* 6 v. 43, msc. N, et *graces* 8 v. 40, mss. IK, mais ni l'un ni l'autre ne présentent exactement les mêmes conditions que *ire* et *contraire*.

§ 7. Aux formes *estrar*, *lar*, *crer* on peut comparer *recrerai* 6 v. 39, 9 v. 44 dans IKN, *trareia* 8, 32 dans IK. *Lasserai* 8 v. 35. mss. IK, correspondrait à *cres*, *aprosma*. Nous trouvons, au contraire, *ueiramen* pour *ueramen* 2 v. 13 dans M, mais ce développement paraît isolé [1].

---

[1] A remarquer encore dans les manuscrits *in-* initial, qui se rencontre assez souvent, au lieu de *en-*, dans IKN, tandis qu'il ne se trouve pas dans a : *invas* 6 v. 11, msc. N, *sinuas* 7 v. 45, *intrar* 6 v. 16, ms. IN, *inanz* 9 v. 6, msc. N, *inforna* 8 v. 35, msc. K, etc. (*domnei uas lor* 1 v. 9, dans I, est donc pour *domn'e invas lor*).

Pour la conjonction *que* il y a *qui* 9 v. 40, pour *que el : quil* 9 v. 46, les deux fois dans les trois manuscrits I K N : ce n'est donc pas une erreur.

CONSONNES

§ 8. *N* dit instable rime avec *n* stable : *mon* 4 v. 7, *respon* 4 v. 43 avec *chanzon, razon,* etc. Il en faudra conclure que le *n* autrement instable se maintient dans la langue de Peire Milon. *N* tombe cependant devant un *s* suivant : *ghierdos, razos, chanzos, res, bes, fis, aclis* riment avec *dos, contrarios, orgoillos, merces, volgues, amis, relenqis,* etc.

§ 9. Les rimes en -*ea,* dont nous avons parlé au § 1, prouvent que la dentale intervocale était tombée. Les formes *ghierdos, airos, iöis* et d'autres qui se trouvent dans les manuscrits (*ghierdos* 1 v. 2, 6 v. 9 msc. N, *guierdos* 6 v. 9 mss. I a, *airos* 1 v. 26 mss. IN, 1 v. 11 msc. I, 6 v. 28 mss. Ia, *iöis* 1 v. 27 msc. a, etc.) sont donc conformes au langage du poète, tandis que les formes *guizerdos* 1 v. 2 msc. a, *fizel* 1 v. 20 msc. a, *fidel* 6 v. 27 mss. IN, etc., s'en écartent ou sont des formes, employées peut-être par Peire Milon, mais étrangères, en effet, à son dialecte.

§ 10. Pour éclaircir une autre question qui regarde le consonantisme, il faudra anticiper et toucher déjà à un chapitre de la morphologie. Quel est l'état de la déclinaison dans la langue de Peire Milon ? Il semble qu'il y ait anarchie dans cette partie de la grammaire. Nous ne sommes pas surpris de voir la forme sigmatique du cas sujet remplacée par la forme du cas régime : *l'agnel* 6 v. 10, *fidel* 6 v. 27, *hom viven* 7, 18 au masculin, *saizo* 4 v. 22, *ricor* 4 v. 37 au féminin, tous en rimes, ou de trouver la forme du cas régime employée comme sujet dans la déclinaison à accent mobile : 4 v. 24, 29 ; 7 v. 4, ou, à l'inverse, la forme sujet comme cas régime : *lar* 6 v. 23. Mais nous sommes bien surpris de trouver un *s* superflu au cas régime du singulier et de ne trouver pas d'*s* au même cas du pluriel, où il paraît indispensable : *leos* 6 v. 36 au masc., *m'entencios* 1 v. 10, *trosc'a la fis* 1 v. 24, *de la fis* 9 v. 8 au féminin. Pièce 6 v. 9 j'ai mis dans le texte *a tals guierdos,* mais les manuscrits IK portent *a tal guierdos,* et le singulier y est tout à fait possible. Il est vrai que nous ne sommes pas sûrs, nous le verrons bientôt, si *tal* est singulier ou pluriel. On aimerait mieux, aussi, à voir un singulier qu'un pluriel dans *chanzos* 6 v. 1. De l'autre côté *s* manque au pluriel dans *los sieus clars oils rïen* 2 v. 45, *vei alegrar li ausel* 6 v. 3 (où, pourtant, il y a à considérer certaines possibilités syntaxiques), *combatedor* 7 v. 1, et on aimera à voir un pluriel dans *sospire* 8 v. 4.

Que faut-il penser de cette confusion ? Il me semble qu'il n'y a qu'une explication possible : que *s* final ne se prononçait pas dans le langage du poète. Et cette supposition peut bien être confirmée par un assez grand nombre de cas où, dans les divers manuscrits, *s* final n'est pas écrit. Il est vrai qu'il y a une notable différence : dans ces cas où *s* manque dans les manuscrits, il ne s'agit pas d'un *s* absolument final, mais d'un *s* à la fin d'un mot devant la consonne initiale d'un mot suivant. Que *s* dans cette position ait été muet dans le langage de Peire Milon, cela me paraît indubitable d'après les graphies communes aux manuscrits IKNa. Nous trouvons *e* au lieu d'*es* 1 v. 16, manuscrit N, là où le masc. a portait aussi *e*, mais qui fut corrigé après en *es*. Dans 6 v. 4 nous avons *l'arbre q'e follios* dans a, *q'en foillos* dans N, au lieu de *qu'es f.*, 4 v. 26 *e mes* dans a au lieu d'*es mes*. Je ne parlerai pas de *ma* pour *mas*, qui est ordinaire dans beaucoup de textes, mais nous trouvons de même dans nos manuscrits *va lor* pour *vas lor* 7 v. 28, mss. I a; il y a *segnor dos* pour *segnors dos* 1 v. 1, mss. IN, *enver (celui, lui)* 5 v. 30, 6 v. 11 dans a, *estier (mon grat, de vos)* 7 v. 28, 5 v. 22 dans Ia, *Dieus mi lai vezer* 9 v. 50 dans a, *de totz ben l'agenza* 8 v. 15 dans IK. Nous avons donc eu raison de dire qu'on ne peut savoir de prime abord s'il y a un singulier ou un pluriel dans *tal guierdos* 6 v. 9 mss. IK, dans *lo bes* 7 v. 23 I, dans (*auiatz lo pro*) *e·l bens* (*c'amors demena*) 8 v. 9 mss. IK (qui sera un singulier), dans *bel dos* 1 v. 28 mss. IN, *bosc foillutz* 4 v. 2 msc. a, *del maltrag qe suferz ai* 9 v. 11 msc. N (qui seront des pluriels). Il paraît donc certain que le *s* final devant la consonne initiale d'un mot en liaison syntaxique avec le mot précédent ne se prononçait pas, du moins dans la langue du prototype des manuscrits IK Na, de sorte que la graphie *del seu bels oils* 9 v. 16 dans IKN correspondait exactement à la prononciation de ce scribe (il va de soi que le *s* était muet aussi devant une consonne à l'intérieur des mots ; *s'ebaudeia*, qui avait été écrit 5 v. 2 dans a, était phonétiquement exact : le changement en *esb-* est dû à la tradition qui persistait à écrire le *s*). Or il semble que Peire Milon n'ait pas prononcé le *s*, non seulement devant une consonne initiale, mais non plus le *s* absolument final devant une pause. Ce serait un trait d'une frappante modernité, mais comment expliquer autrement ces rimes où il manque des *s* indispensables, tandis que nous y voyons des *s* qui ne sont nullement justifiés [1] ?

Il y a pourtant encore une difficulté sérieuse : nous avons vu que le *n*, intervocal en latin, persistait dans le langage de Peire Milon, qu'il tombait, au contraire, devant un *s*. Or, nous venons de trouver *leos* 6 v. 36, *entencios* 1 v. 10, *fis* 1 v. 24, 9 v. 8 avec un *s* injustifié ; mais alors nous nous attendrions à trouver *leon, entencion, fin* ? Je ne sais comment concilier, en ce point, les §§ 8 et 10.

[1] On peut douter aussi s'il ne faille comprendre (*qe get'*) *a fal* au vers 6, 16 = *a fals* « à faux ».

§ 11. Le fait de l'amüissement d'un *s* final nous amène à constater encore d'autres amüissements de consonnes finales. *S* rime avec un *tz* primitif : *voltis* 1 v. 40 : *afortis, aclis, vis, mis*, etc., *contradis* (présent) 9 v. 28 : *relenqis, promis. Abeillitz* 9 v. 49 est écrit pour *abeillis*. Il en faut conclure que *tz* final a été muet aussi bien que *s*. Mais nous trouvons aussi en rime avec *-itz : speritz*, 4 v. 47 qui ne peut être autre chose que *sperit ;* c'est-à-dire que *tz* et *t* avaient la même prononciation à la fin des mots, ce qui nous explique en même temps *perdutz* 4 v. 32, *agutz* ib. v. 33, *saubutz* ib. v. 40, *escutz* ib. v. 48 pour *perdut*, etc., demandés par la syntaxe. A l'inverse les manuscrits écrivent *t* au lieu de *tz* dans *plat* 1 v. 37, msc. I, *mantenet* 8 v. 19, mss. IK, *hom q'era vencut* 6 v. 40, msc. N. Il résulte de toutes ces graphies que *t* final n'était pas moins muet que *s* et *tz*, de sorte que *com po viure* 1 v. 27, mss. IN, représente la prononciation du poète.

§ 12. Les rimes *amis* 1 v. 6, *enis* 1 v. 21, *enemis* 1 v. 36 prouvent que le groupe *-cs* était devenu *-s*, et puis muet.

amors 1 v. 35 rime avec *os*.

MORPHOLOGIE

§ 13. *Déclinaison*. Si l'hypothèse que nous avons émise au § 10 répond aux faits, il s'ensuit que non seulement la déclinaison avait perdu les deux cas, mais qu'encore les différences du singulier et du pluriel n'existaient plus, excepté les cas où le pluriel se trouvait devant un mot commençant par une voyelle. Voir les exemples au § 10 ; il y en a d'autres, dans les manuscrits, à l'intérieur des vers, mais qui n'ont pas, naturellement, la même autorité. On remarquera pourtant que le *s* au cas sujet du singulier est souvent supprimé même devant une voyelle, dans une condition où le *s* du pluriel a dû persister.

Dans la déclinaison qui change la place de l'accent tonique, la différence des cas a naturellement pu être conservée au singulier. En effet, nous trouvons les cas sujets *chantaire* 5 v. 6, *amaire* 5 v. 22, *servire* 8 v. 36, mais aussi bien comme sujets *amador* 4 v. 24, *maior* 7 v. 4 (au féminin *bellazor* 4 v. 29), tous en rime. Et si nous ne rencontrons pas moins *lar* 6 v. 23 en emploi de régime, nous en conclurons que, dans le langage du poète, les formes des deux cas n'ont pas cessé d'exister, mais qu'elles servaient également pour le sujet et pour le régime.

La mesure des vers nous dit le même pour *hom, home*, dont la forme monosyllabe se trouve trois fois en emploi de régime ; 2 v. 19.

5 v. 18, 6 v. 40. Au v. 5, 19 il manqué une syllabe. On pourrait écrire *home,* mais il est bien douteux que ce soit alors la bonne leçon.

Nous voyons encore la forme du régime remplacer le cas sujet dans *dos* 7 v. 5, 9.

Le *pronom* donne lieu à plusieurs remarques, mais la place d'un grand nombre de pronoms ne pouvant être, à l'ordinaire, qu'à l'intérieur des vers, nos renseignements ne sont, malheureusement, pas très sûrs. Toutefois il y a tant d'observations à faire que quelques-unes, au moins, ne manqueront pas d'avoir leur importance, non seulement pour la langue des copistes, mais pour celle du poète même.

§ 14. *Pronom personnel.* Au lieu d'*ieu* les manuscrits I et N nous offrent *ie* dans *ie uegh, ie uei* 1 v. 33, c'est-à-dire devant *u.* Cela peut être une simple variante de graphie, mais ce pourrait être aussi une particularité phonétique.

La 3ᵉ personne du pluriel est *ils* au lieu d'*il, ilh,* dans *ils garde-ran* 2 v. 43, msc. a ; le régime est *lors,* au lieu de *lor,* 7 v. 28, en rime. D'après le § 10, ces deux cas isolés ne présenteraient que des manières d'écrire.

La forme accentuée du pronom féminin régime singulier de la 3ᵉ personne est *li* dans la phrase *sos hom liges a li m'autrei* 5 v. 39, msc. a, et le vers suivant prouve que ce n'est pas une erreur : *er ben s'orgoil en li fos avalea.* Mais nous sommes bien plus étonnés de trouver *li* pour *lor* et *los* : *merces sel li clama* 7 v. 7, msc I, *mai li trob* 1 v. 11, mss. IN. Il faudra réunir ces formes à d'autres que nous trouverons tout à l'heure pour l'article.

§ 15 l'*Article.* Nous avons vu au § 10 que (*laissa star las fedas*) *e·l moutonz* 6 v. 12, msc. I, peut bien être écrit pour *e·ls m.,* de même que 8 v. 9, msc. IK *(auiatz lo pro)* *e·l bens* (*c'amors demena*) peut être le pluriel = *e·ls bens* aussi bien que le singulier = *e·l ben* (et ce sera probablement le singulier).

Si le manuscrit a nous offre *d'aitan prec il sieus clars oils rien* 2 v. 45, il se peut que j'aie bien fait d'écrire *pregi·ls sieus c. o. r.* Mais nous verrons que *prec il* n'est pas tout à fait impossible non plus.

Mais ce qui est plus important que tout ceci, ce sont quelques formes de l'article au pluriel. Nous trouvons :

li	au lieu de	*los*	1 v. 40	*s'eu no bais li sos clers oillz*	msc.	I
—		6	3	*vei alegrar li ausel*	—	INa
—		8	13	*uas li ualen*	—	IK
lis	—	1	40	*s'eu no bais lis sos clers oillz*	—	N
leis	—	*las* 6	36	*de leis mans del leos*	—	a
es	—	— *ib.*		*de les mans dun leons*	—	N

Il faut réunir à ces formes de l'article quelques formes du pronom possessif :

si au lieu de *sos* 3 v. 10 *si pens fassan li autre fin aman* msc. N
(Raynouard).

mes — *mos* 6   22 *merces uol mes precs ausir* msc. 1 [1].

mei — *mos* [2] 1   36 *tant son mei enemis* msc. a. On y voudrait
voir une erreur, s'il n'y avait pas de même *pero·s dobla mei doler e
creis* 9 v. 29 dans les mss. IKN. La leçon *si·l mei oil vezen* 2 v. 47,
msc. a, est différente en ce que *mei* est ici sujet au pluriel.

On aurait pu croire que les formes en *-i, is* appartinssent au masculin, celles en *-ei, eis, es* au féminin. Il n'en est rien. Les deux séries de
formes sont masculines aussi bien que féminines, c'est-à-dire le dialecte est déjà arrivé, en ce point, à l'état moderne. L'évolution a peutêtre été la suivante :

$$\left.\begin{array}{l} los \\ las \end{array}\right\rangle \; leis \; \left\langle\begin{array}{l} lis, \; li \\ les, \; le \end{array}\right.$$

Mais il y a encore une remarque à faire : Nous nous attendons à trouver les formes avec *s* devant une voyelle, celles sans *s* devant une consonne. Mais non. Les deux formes se rencontrent également dans les deux cas. On pourrait se demander s'il ne faut pas partir, pour l'explication, de la forme sujet du masculin, *li,* qui se serait glissée, comme elle a fait en dialecte vaudois, dans l'emploi régime et qui ensuite, en devenant *lis,* aurait subi l'influence de la graphie traditionnelle du pluriel, tandis que *leis, lei* auraient été primitivement les formes féminines.

On remarque *el* pour *lo,* article singulier du masculin, 9 v. 34 dans les manuscrits Na : *e non chaler metrai el dezir q'eu n'ai,* là où les manuscrits IK portent *ol.* Cette dernière forme peut nous faire supposer que la voyelle *e* ou *o* ne correspond point à la voyelle initiale du latin, mais plutôt à la voyelle finale. L'article aurait été, avant d'être *ol* ou *el,* le seul son du *l,* mais d'un *l* qui tenait encore de la nature du *o* qui l'avait suivi. Lorsqu'une voyelle nouvelle se forma, mais qui précédait la consonne au lieu de la suivre, ce fut une voyelle sourde qu'on pouvait écrire *o* aussi bien qu'*e.* Et l'existence des formes *el* et *ol* une fois reconnue, on n'aura peut-être pas le droit de rejeter *il* 2 v. 45, msc. a, comme article du pluriel. Ce serait ou la continuation du latin *illi,* ou une forme secondaire, issue de *li* > *li* > *il.*

---

[1] Le manuscrit a offre *un prec;* ne serait-ce pas une erreur pour *mi* ?

[2] Il faudrait pourtant peut-être dire plutôt *mon* que *mos,* puisque les deux cas ne semblent plus exister dans la langue de Peire Milon.

Pour l'article féminin nous avons dit dans la note du vers 1, 38, qu'il y faut peut-être introduire la forme enclitique du régime -*l*. Cette forme assez rare se trouve dans 8 v. 7 *e'l benvoillenza*, mss. IK a, tandis que M présente *e tota b*.

§ 16. Nous venons de parler de quelques formes du *pronom possessif*. Il faut y ajouter *son* au lieu de *lor*, qui se trouve 7 v. 12, msc. I; le manuscrit a présente *lor;* je ne connais pas les leçons des autres manuscrits.

A remarquer encore que la forme accentuée se rencontre deux fois dans des cas où l'on s'attend à trouver la forme atone : *ils garderan meus oils* 2 v. 43, msc. a, *en sua bailia* 9 v. 48, msc. N. Cependant, les deux cas étant à l'intérieur des vers, nous ne sommes pas sûrs de leur authenticité. Nous rencontrons, au contraire, en rime *de l'amor sos* 1 v. 39, msc. a, ce qui semble devoir dire « de son amour ». Mais peut-on accepter la leçon ? Le *s* final ne fait pas obstacle ; mais il y aurait la forme ordinairement (pas toujours, on le sait) atone au lieu de la forme accentuée, le pronom possessif serait placé après le substantif, et le substantif *amor* serait masculin. De ce dernier point nous aurons à reparler.

VERBE

§ 17. Peu de renseignements certains sur la conjugaison. Pièce 7, v. 27, nous trouvons en rime *volen*, qui ne peut guère être autre chose que *volan* « volant ». Doit-on en conclure que les terminaisons -*en* et -*an* aient eu la même prononciation ? Nous en aurions probablement d'autres traces que cette seule. Ou faut-il supposer que la terminaison *en* des autres conjugaisons se soit introduite dans la première ? Ce serait un fait presque inconnu, je crois, dans le domaine provençal et français, mais qui se trouve assez répandu en Italie et en Suisse (v. Meyer-Lübke, II § 152, 153, 517) et, dans les Alpes, même tout près de la frontière italo-française (voy. Archivio glottologico XI, p. 362, §. 190).

Nous avons parlé, au § 2, de *traireia* au lieu de *trairia*.

La première personne du présent de l'indicatif des verbes inchoatifs a la terminaison -*is*, au lieu d'*isc* : 9 v. 37, 41. L's de cette forme étant muette, il est possible que nous ayons à voir un présent dans *iauzi* 4 v. 18, mais ce peut être un prétérit aussi bien, ou mieux encore, qu'un présent. Les manuscrits IK écrivent *grasic* 8 v. 5 pour *grasis* ou-*isc*. On ne croira pas que ce soit la graphie phonétique. Ce sera une erreur ou plutôt, peut-être, une manière d'écrire pour *grasi*. le *c* final étant muet comme *s*, *t* et *tz*.

§ 18. Nous avons parlé de la 3ᵉ personne singulier du présent indi-

catif du verbe substantif. La première personne est *sos*, deux fois en rime : 1, 29 et 38. D'après le § 10, cette forme, bien frappante à première vue, n'est autre chose que la forme bien connue *so*. A l'intérieur des vers les manuscrits offrent *son* et *soi*.

Pour la 2ᵉ personne je crois devoir reconnaître, à côté d'*es* 4 v. 44, l'existence de *ses* 4 v. 46, forme dont, pour l'ancienne langue, Chabaneau a donné des exemples dans la Grammaire limousine, p. 228, Note 3, et qu'il met dans le paradigme de la conjugaison moderne du dialecte limousin. Elle n'est pas moins ordinaire dans la plupart des autres dialectes, comme on peut voir dans Mistral à l'article *estre*.

Au vers 2, 9 j'avais mis dans le texte (voy. Inedita p. 240) *per vos, merces, qi etz de tan bon aire*. Mais le manuscrit M porte *qesiest*, le manuscrit a *qi es es*. Il faudra écrire ou *siest* ou *esiest* ou *eses*.

Nous trouvons 7 v. 9 *es* là où nous devrions trouver *son*. Voilà un de ces traits qui ne semblent guère explicables. La forme est pourtant dans les deux manuscrits que j'ai pu utiliser, et je ne vois pas comment on pourrait corriger. Tout au contraire, nous trouvons *demandon* 1 v. 17 pour *demanda*. Il y serait aisé d'introduire *demanda*, mais l'autre forme est dans les trois manuscrits INa.

Nous ne reparlerons pas du subjonctif du verbe être ; voy. § 2.

§ 19. A remarquer encore :

promis 3ᵉ pers. du prétérit 9 v. 9, attesté par la rime. Le participe *mis*, comme substantif « messager », 1 v. 37, en rime aussi.

aug pour *ac* 6 v. 23, msc. N. On n'attacherait pas d'importance à cette leçon, si elle ne se répétait pas 9 v. 23 et si la leçon de ce vers dans les manuscrits IK *per desesper non aug mia Judas perdet paradis* ne prouvait que *aug* était en effet dans le prototype de IKN.

veg « je vois » 1 v. 33 a, 6 v. 29 Na, 9 v. 15 Na, *vegh* 1 v. 33 N, *veig* 9 v. 15 IK (mais *vei* I v. 13 N, 5 v. 23 en rime), et, tout semblable :

vaig « je vais » 6 v. 30 N et

estagh « je suis » 1 v. 23 N.

suffers, au lieu de *sufferc*, 8 v. 1, mais dans les seuls manuscrits IK.

fei 4 v. 40 seulement dans a.

J'omets d'autres formes qui sont trop isolées pour fixer notre attention.

§ 20. Quant au *lexique*, on ne laissera pas de remarquer l'emploi fréquent de la préposition *da* dans les différents manuscrits :

vei spandre flor da novel 6 v. 2 msc. I.

vei l'un dal autre iausir 6 v. 5 msc. I.

non posc da lei aver apel 6 v. 26 msc. IN.

da blasmar non es ges 7 y. 7 msc. a (*do blasmar* I).

da chascun il se feiran lauzar 7 v. 16 msc. a.

Que l'adjectif féminin *endura* 5 v. 25 ne soit pas à corriger, cela se voit du vers 2 v. 26, msc. a : *volgues star tant endura,* où j'ai eu tort d'écrire, Inedita, p. 240 note, *estar tant dura.*

Nous avons vu (§ 1, note du vers 5, 16), que le verbe « aller » n'est pas *anar* dans le langage de Peire Milon, mais *alar.*

Les formes *nelenquis* 1 v. 15, msc. I, et *delinquis* 9 v. 5, mss. IK, sont isolées ; *penssios* I v. 34 dans IN ne devra probablement pas être accepté.

§ 21. Un des points bien obscurs me semble être encore la question du genre de quelques mots, ou plutôt les rapports, quant au genre, de quelques adjectifs aux substantifs ou pronoms.

Nous trouvons en rime : *en carcer tenebros* 6 v. 33 ; *carcer,* qui est féminin en provençal, est donc masculin ici, à ce qu'il semble ; mais au vers suivant il y a *sa par no vi* On pourrait vouloir rapporter *tenebros* au sujet *eu,* mais dans 6 v. 28 nous trouvons *eu mais la trop vas mi plus äiros,* où il n'y a nul autre rapport possible qu'à *la.*.

Nous avons mentionné, § 16, qu'*amor* paraît masculin dans *de l'amor sos* 1 v. 39. De même il y a 4 v. 33 *amor non ai agu(tz)* pour *aguda,* et peut-être aussi 4 v. 11 *si tot amor m'e faillitz ;* mais nous n'en trouvons pas moins *amor qe tant es bona* 8 v. 21 et *s'amors* 9 v. 39.

Si, dans 5 v. 31 masc. a, nous rencontrons *lei* pour *lui : E ia non vol razon qe l'om s'endur Enver celui qi no sen pot estraire De lei amar,* cela s'explique par la pensée du poète, qui ne parle que d'un objet féminin qui soit aimé. Il en est de même dans 7 v. 43, mss. I a : *Ben es malvatz qui's laissa perillar Alcun caitiu, s'aiudar li pogues, Pois q'envas lei non es mas repres Mas sol....* Mais *lei* n'est pas justifié dans 8 v. 12, mss. IK : *s'amors s'atrai vas lei,* et il n'est pas douteux que les manuscrits Ma ne nous présentent la bonne leçon *lui.*

Or, que faut-il penser de toutes les observations que nous venons de faire ? Il est certain que toutes ces particularités ne sont pas également assurées. Il se peut bien qu'on doive en mettre plusieurs sur le compte des copistes des différents manuscrits. Mais il en restera toujours assez pour nous convaincre que Peire Milon n'a pas « trouvé » dans le provençal des autres troubadours. Doit-on croire qu'il ait essayé de trouver en langue littéraire sans la savoir ? ou qu'il ait maltraité à dessein la phonétique et la grammaire ? Pour cette dernière supposition, on l'écartera tout de suite. Rien dans le contenu de ces poésies ne nous autorise à y voir un procédé qui ne serait supportable que dans le genre burlesque. Mais il vaudra bien la peine de dis-

cuter l'autre hypothèse, puisqu'elle a été adoptée pour des textes dont
la langue ressemble bien à celle de Peire Milon. Ces textes sont les
poésies religieuses de Wolffenbüttel, qui ont été publiées une première fois par J. Bekker, depuis par M. E. Levy dans cette revue
(t. XXXI, p. 173 ss., 421 ss.). M. Levy a réuni, dans une introduction
fort consciencieuse, tout ce qu'il a trouvé à dire sur la langue de ces
poésies. Nous y rencontrons presque toutes les particularités que nous
venons d'observer chez Peire Milon. Pour *seia* (v. notre § 2) comp.
l'introduction de M. Levy, p. 25 ; pour *crer, trar*, etc. (§ 3), p. 24,
§ 5 ; pour le manque de l'*e* devant *s* initial impur comp. p. 10, § 3 ;
pour *e* au lieu d'*a* final et atone (§ 6), p. 21, § 1 ; pour les rimes de *n*
stable avec *n* instable (§ 8), p. 26. Que *s* final soit muet dans les poésies religieuses, M. Levy ne le dit pas, mais nous y retrouvons tout
ce qui m'a amené à supposer cet amuïssement. L'amuïssement de *tz*
final est prouvé par les graphies *deia, avia, auria* au lieu de *deiatz*,
etc., que M. Levy, p. 25, prend pour des erreurs de copistes, et par
les formes avec pronoms enclitiques *faiçal = fassatz lo*, etc., qui
appartiennent certainement à l'auteur. Il y a exactement la même
étrange confusion dans la flexion du substantif comme chez Peire
Milon (§§ 10, 13), comp., p. 11, § 7 et pp. 21, 22. Quant aux pronoms, nous ne retrouvons pas que *lors* pour *lor*, p. 23, § 3, mais
aussi *li* pour *lor* et *los*, p. 14, § 10, 11 ; de même *li* et *les* au lieu de
l'article *los*, p. 13, § 8, 21, § 3 ; *el* à côté de *lo*, p. 18, § 3 ; '*l* enclitique pour *la* régime, p. 23, § 2. Le pronom possessif *lor* se trouve
remplacé par *son*, p. 23, § 4 ; la forme accentuée du possessif s'em-
ploie quelquefois sans article, p. 14, § 13 ; *so* au lieu de *sieu*, p. 18,
§ 14. Le participe présent I se rencontre une fois avec la terminaison
en au lieu d'*an*, voy. la note du v. 306, p. 126. Les formes des 3ᵉˢ
personnes du singulier sont assez souvent employées pour les 3ᵉˢ du
pluriel, et, plus rarement, les 3ᵉˢ du pluriel pour le singulier, p. 15,
§ 15. Si nous ne rencontrons pas le parfait *aug* pour *ac* (§ 19), nous
trouvons pourtant les formes analogues *augues* et *augut*, p. 25. *Dols*
et *cortes* se rapportent à des substantifs féminins, p. 11, § 6. Au vers
2385 nous trouvons *A vos mi ren, per cui sun totas gens Traich de pe-
rils et mes a salvamens ;* mais dans ce cas, il s'agit de *gens*, qui n'est féminin que pour la grammaire. Ce qui est plus frappant, c'est que *merms*
semble être féminin au vers 747 : *sa força (es) del tot merms*. Doit-on
changer ce vers avec MM. Chabaneau et Tobler, après avoir connu
les exemples de notre § 21 ? *Amor* et d'autres mots en -*or* sont em-
ployés comme masculins, p. 11, § 5. A ces particularités mentionnées
par M. Levy on peut ajouter d'autres, dont il ne parle pas, comme
l'emploi de *da* pour *de*, v. 168, 193, 460, 724, 1584, etc. (voir notre
§ 20), *delenquir* pour *relenquir* v. 507, 558 (§ 20), la position du pro-

nom possessif après le substantif, *l'esperiç meu*, v. 1490, *la castitaç vostra*, v. 2250 (v. *l'amor sos*, § 16) [1].

M. Levy reconnaît dans la langue des poésies religieuses trois catégories de particularités qui s'éloignent du bon usage provençal. Il est d'avis que l'auteur a été un Italien qui s'efforçait d'écrire en provençal sans bien savoir cette langue. Cette insuffisance serait cause de ce que dans le provençal de ces textes il y a : 1º de nombreuses traces de la langue maternelle de l'auteur, c'est-à-dire de l'italien ; 2º quelques traits français (un plus grand nombre de formes françaises sont dues à un copiste), et 3º des « néologismes inouïs » (p. 9 et 26). La langue qui se serait ainsi formée ne serait donc pas une langue naturelle, ce serait un produit tout artificiel. Or, nous venons de retrouver dans les poésies de Peire Milon cette même langue avec toutes ses étranges particularités, avec non seulement le mélange de formes italiennes et provençales, mais encore avec les formes que M. Levy croit inventées par l'auteur des poésies religieuses. Comment expliquer cette conformité? La première possibilité à discuter sera celle de l'identité d'auteur des deux séries de poésies. Peire Milon peut-il avoir écrit les poésies religieuses ? Nous ne savons presque rien de l'auteur de ces poésies. Il les a écrites pendant qu'il était en prison, où il est resté plus de vingt ans, et il les a terminées en 1254. Voilà tout [2]. De la vie de Peire Milon, nous en

---

[1] La forme *qui* pour *que,* conjonction, (§ 7 note) ne se rencontre pas dans la partie provençale du manuscrit de Wolffenbüttel, mais elle se trouve dans la partie française, p. 33, 85 ; 34, 121, 122. Il paraît donc que c'est le copiste qui l'a introduite. Il en est de même pour *portir* au lieu de *partir* (p. 35, 136), qui rappelle *poraula* dans notre § 3.

[2] Et encore suis-je arrivé à douter de ce que l'auteur a été, en effet, prisonnier lorsqu'il écrivit ces poésies. Ce terrible emprisonnement de plus de vingt ans aurait laissé bien peu de traces dans ses vers. Il n'en est question qu'à un seul endroit et en très peu de mots. Partout ailleurs ce prisonnier parle comme s'il ne l'était pas, tout comme un homme qui serait maître de ses actions. Qu'on lise les prières suivantes :

> *Et donaç mi cor et talen*
> *De far tos vostre mandamen*
> *Et far tals obras que vos plaia* (v. 1195-97).
> *De benfar força mi donaç*
> *En tals gisas, que vos degnaç*
> *Per ben faiç oblidar lo tort* (v. 1201-3).
> *Teneç me en la dreita via,*
> *Que seit salvacion de m'arma* (v. 1444-45).
> *Et dels peccaç daç mi talens toç iors,*
> *Que per benfaiç m'en poischa deliurar.*

savons moins encore . M. O. Schultz a rencontré un Peire
Milon aux années 1203 et 1219 dans des documents qui provien-
nent de Vaison, dép. Vaucluse, (voy. Archiv für das Studium der
neueren Sprachen, LXXXV, p. 118). Mais est-ce le troubadour? Rien
ne paraît moins sûr. Le nom de Milon n'a pas dû être rare. On con-
naît plusieurs personnes qui l'ont porté. Il est donc bien possible, et

> *Mon cors els oils el cor et mun pauc sens*
> *Entro aiqui m'an falsamen gidaç,*
> *Quel cor els oils an vegut et pesaç*
> *El cors a faiç lo mals el falimens,*
> *El sen a tot autreiaç las folors* (v. 1924-30).
> *Graiçam donaç, qu'al deleich contrastar*
> *Poscha toç tems de ma carn et del mon*
> *Et a loç ço que contraire me son* (2371-73).

Est-ce bien là le langage d'une personne emprisonnée depuis plus
de vingt ans? Il en est de même du commencement de ces poésies, où
l'auteur semble s'adresser à une foule assemblée dans une église ou
dans quelque autre endroit public. On s'attendrait aussi à voir l'auteur
faire valoir ses longues souffrances pour obtenir plus facilement le par-
don, demandé avec tant d'insistance à Dieu et à tous les saints, de ses
péchés, péchés commis, sans doute, pour la plupart, avant l'emprisonnement. Et à la fin des poésies, où l'auteur aurait eu toute facilité de
revenir sur son sort malheureux, il n'en parle pas. Le seul endroit
même où il en parle, ne me semble pas exclure tout doute :

> *Eus quier, domna, dels falimenç*
> *Qu'ai fach et faiç, perdonamenç;*
> *Et de preiçon, on ai estaç*
> *.xx. anç et plus estres mon graç,*
> *Et d'aiquest tormens on eu son,*
> *Vos quier, domna, deliuraxon* (1241-46).

Je ne dis rien d'*estres mon graç* qui pourrait sembler bien superflu.
Mais *preiçon on ai estaç,* est-ce bien en effet la prison où *je suis?* N'y
a-t-il pas plutôt opposition entre *ai estaç* 1243 et *son* 1245? D'une prison réelle la Vierge ne peut délivrer l'auteur que s'il s'y trouve au
moment où il parle, cela s'entend. Mais comment s'il n'y était pas
question d'une prison réelle, si l'auteur y parlait métaphoriquement de
la prison de ses péchés? L'auteur se sent, pour le moment, délivré de
cette prison ; il y a été ; à présent il ne souffre que le tourment de ses
remords. Mais il a bien raison de prier la Vierge de le délivrer à l'avenir de cette même prison, où il ne manquera certainement pas de se
laisser retomber. Ce n'est pas que je sois persuadé qu'il faille entendre
preiçon de cette manière ; la pensée serait exprimée avec peu de clarté ;
mais je ne comprends pas bien comment l'auteur ait pu ne pas parler
davantage de son malheur, s'il avait été si longtemps dans une vraie
prison.

même vraisemblable, qu'il y ait en plus d'un Peire Milon contemporain de notre poète. Aussi M. Schultz lui-même m'écrit-il qu'il vient
de rencontrer un Peire Milon à l'année 1240 (Chevalier, Documents
inédits relatifs au Dauphiné, ii, 92). Est-ce celui de 1203 et de 1219 ?
Il ne pourrait certainement pas être l'auteur des poésies religieuses,
si cet auteur était en prison depuis 1234, au plus tard. En tout cas,
la langue des poésies religieuses et des poésies de Peire Milon n'a
guère pu être celle de la contrée de Vaison. Mais il se peut fort bien
que le Peire Milon des documents n'ait rien à faire avec le troubadour.

Et ce troubadour, encore une fois, peut-il avoir été l'auteur des
poésies religieuses ? Pour la chronologie, je n'y vois pas d'obstacle,
et je n'en vois pas non plus en ce qui regarde la métrique des deux
séries de poésies. Les douze pièces en couplets parmi les poésies
religieuses ont des compas tout semblables aux compas de quelques
pièces de Peire Milon. Mais ces compas sont bien simples. Ils ne
prouvent rien, ni pour ni contre le troubadour[1].

Mais l'examen de la langue des poésies religieuses et des pièces de
Peire Milon me semble faire conclure que leur auteur n'a pas été le
même. Nous n'avons parlé jusqu'ici que des conformités dans le langage des deux séries de poésies. Mais à côté de ces conformités il y a
des différences. Ainsi il n'y a que peu d'exemples de la suppression
de la dentale intervocale dans les poésies religieuses (*gierdona* 629,
gierdon 932, *poeç* 772, *poestaç* 852, *peccaor* 914, etc.), et ces exemples
ne se trouvent qu'à l'intérieur des vers, tandis que les formes avec
dentale primitive ne sont jamais rimées avec des formes sans dentale.
Nous ne trouvons aucun exemple de l'important développement -*ata*
à -*ea*. On pourrait pourtant vouloir trouver préparé ce développement
dans la forme *clamaida* 1293. Cette forme nous fait observer une
autre particularité de la langue des poésies religieuses qui ne se
trouve pas, ou qui ne se trouve qu'isolément, dans les pièces de
Peire Milon, particularité que n'a pas mentionnée M. Levy : les
voyelles accentuées (et quelquefois aussi les voyelles atones) y sont
bien souvent augmentées d'un *i* : *a*, *e* ouvert, *e* fermé, *o* deviennent
ai, *ei*, *oi*, voyez *cair* 1484, *ancair* 1718, 1830, *plaic* 2227, *draich*
301, *umellat* en rime avec *lait* 1348, *lais* 2254, *portais* (=*portatz*) 2290,
Thomas en rime avec *verais* 1743, 46, *braiç* 1055, *aviaiç* 861. —

---

[1] Il faut pourtant dire que je n'ai pu trouver aucun compas d'un autre troubadour qui ait servi de modèle pour une des pièces religieuses.
Les mêmes formes se retrouvent assez souvent, mais jamais, paraît-il,
avec les mêmes rimes. Si Peire Milon avait été l'auteur, il n'aurait
probablement pas été plus original dans la métrique de ces poésies que
dans ses pièces lyriques.

veira 954, 1025, *qei* 1054, *ateisa* 190, *teita* 2227, 2261 — *peis* 1154,
seigle 511, 775. — *poit* 394, 2509, *groisas* 1156, etc. Il faudra expliquer
aussi par cette particularité les nombreux parfaits I en -*eit*, dont
M. Levy parle p. 24 et qu'il est disposé à expliquer par une confusion
du parfait provençal avec l'imparfait vieux français. Chez Peire Milon
nous avons rencontré les formes isolées *lais* (§ 3) et *ueiramen* (§ 7),
et peut-être faut-il y ajouter *leis* et *mei* (§ 15) ; mais en général nous
avons trouvé le contraire : les diphthongues avec *i* réduites aux voyelles
simples. Une différence plus importante, peut-être, c'est que les poésies
religieuses ne distinguent pas dans la rime les *e* et *o* ouverts et fermés
tandis que les rimes sont pures dans les pièces de Peire Milon. Tout
ceci n'est pas suffisant pour prouver avec une entière sûreté que les
poésies n'ont pas eu le même auteur. Mais, en effet, ce qui serait à
prouver, ce n'est pas la non-identité, c'est l'identité, et je crois que
l'on ne la tiendra point pour vraisemblable d'après ce que nous venons
de voir.

Mais si l'auteur n'est pas le même, comment expliquer alors l'emploi d'un langage si extraordinaire chez l'un et l'autre ? Il se pourrait
que ces poésies fussent sorties d'une école littéraire, si l'on peut ainsi
dire, qui aurait existé dans l'Italie septentrionale et qui se serait ser-
vie de cet étrange langage mixte. C'est pourtant bien peu vraisemblable. D'abord, ces œuvres n'ont aucune ressemblance en dehors de
leur forme linguistique. Et puis, comment s'expliqueraient alors toutes
les particularités dans lesquelles M. Levy ne reconnaît ni l'influence
de l'italien ni celle du français, mais où il voit des créations arbitraires
de l'auteur des poésies religieuses ? N'est-ce pas, en tout cas, un phénomène bien étrange que cette formation d'un langage comme se la
représente M. Levy ? Nous avons l'analogie des textes franco-italiens.
Mais dans ceux-ci il n'y a qu'un mélange de deux langues, tandis
qu'ici le provençal aurait subi en même temps l'influence de l'italien
et celle du français et celle de la libre fantaisie linguistique du poète.

Et à présent nous rencontrons ce même langage, si personnel en
apparence, si arbitraire, chez un second auteur ! N'en faut-il pas chercher une origine un peu moins compliquée ? Je pense qu'il faut essayer
d'expliquer tout ce qui s'éloigne du provençal littéraire (sans parler
naturellement de ce qui est dû aux copistes) par une seule influence,
celle de l'idiome maternel de l'auteur ou des auteurs. M. P. Meyer a
été le premier qui ait dit que l'auteur des poésies religieuses soit
italien ; M. Levy a précisé en ajoutant qu'il était de l'Italie septentrionale. Mais il ne nous dit pas lequel des dialectes de ce pays peut
nous expliquer les traits italiens dans la langue de ces poésies. En
effet, ce ne sera pas facile à dire. La plupart de ces particularités
appartiennent à tout le nord de l'Italie. Le trait important que les

troisièmes personnes du singulier et du pluriel dans la conjugaison peuvent se remplacer mutuellement, fait penser à l'est, le système des voyelles (le passage de *a* à *ai* et *e*, de *e* à *ei*) au sud-est ou au nord-ouest de l'Italie septentrionale. Mais, en dehors des traits italiens, il y a à tenir compte de ce qui paraît être provençal sans appartenir à la langue littéraire (par exemple les parfaits I en -*eit*, les formes *aug*, *augues*, *augut*, etc.) et de ce qui s'approche du français. Toutes les trois catégories de particularités ne pourraient-elles pas se trouver réunies dans le langage d'une seule région ? N'a-t-on pas parlé, peut-être, au XIIIe siècle, quelque part dans les Alpes françaises ou italiennes, un dialecte qui nous expliquerait tout ce qui n'appartient pas au provençal littéraire dans la langue des poésies religieuses et des pièces de Peire Milon ? Je ne le sais pas, et je n'ai pas à ma disposition les moyens nécessaires pour éclaircir une question si difficile. Mais il ne me paraît pas tout à fait impossible. Si, du côté de la France, nous nous approchons de la frontière italienne, nous rencontrons, surtout dans le Dauphiné, un assez grand nombre des traits linguistiques que nous avons constatés dans nos textes. La dentale intervocale y tombe ; nous y trouvons les participes en -*ea*, -*eia* ; le subjonctif d'« être » a les formes *seia*, *sei*, *seit* ; *pare*, *frare* y répondent à peu près à *trar*, *crer* ; l'*a* final atone y passe à un son qui est écrit tantôt *a*, tantôt *e* ou *o* ; l'*e* initial devant *s* et consonne y est supprimé ; *s* intérieur devant une consonne et, paraît-il, aussi *s* final tombent de bonne heure. L'article du pluriel est *li*, au lieu de *los*, dans les poésies vaudoises. En Dauphiné « aller » est *alar*, non pas *anar*. La préposition *de* y est remplacée bien souvent par *da*, etc. Considéré tout ceci, on ne croira peut-être pas impossible que le dialecte qui est au fond des poésies religieuses et des pièces de Peire Milon ait été un dialecte alpin, ou du côté français, dans les départements Hautes-Alpes ou Basses-Alpes, ou du côté italien, dans le voisinage de ces départements.

Dans quelle proportion ce dialecte et le provençal littéraire aient été mélangés par les auteurs de ces poésies, cela ne nous sera guère jamais possible à dire. Mais si nous voyons les copistes des pièces de Peire Milon, accoutumés à écrire le provençal des troubadours, remplacer les formes dialectales par les formes littéraires, de sorte que les premières ne se trouvent que par-ci par-là, tantôt dans un, tantôt dans un autre manuscrit, et si nous voyons que la quantité de ces formes n'en reste pas moins assez considérable, on admettra que la couleur dialectale de ces poésies a pu être, à l'origine, bien prononcée. Et voilà le grand intérêt des poésies de Peire Milon. Il est le représentant, isolé jusqu'ici parmi les troubadours, d'une tentative de former une littérature lyrique en langage mixte, ou même en dialecte, à côté de la poésie en langue littéraire.

8

PEIRE DE VALERA

Bartsch, Grundriss, nº 362, 2. — Ms. D. 255. Le second couplet aussi dans F (Stengel, Chigiana 169).

SO Q'AZ AUTRE VEI PLAZER

Cui q'amors don son voler,
    a mi tol benananza
        e·m desloing' e· m lanza
a pauc de tot mon saber,
5   per ch'eu ai paor
q'en tal hai mes m'amistat
    qe·m ha desviat
    e no me socor;
e no·m recrei tan ni qan,
10 anz suffr' e· m vauc aturan,
qar cel consec qi aten.

Ia hom qi·s vol recrezer
    no fara gran cobranza,
        segon m'esperanza,
15 qar greu cobr'om gran poder
    ni granda ricor,
si granz trebaillz no·l enbat,
    per ch'eu hai durat
    lo maltrag d'amor

4. del t. D. — 12. qes F. — 15. cobrû g. D. — 17. *corr.* no·l s'embat? — 18. hai durat *manque* F.

20 e cug ades trebajlan
conqistar e merceian
celei qe no·m o consen.

21. e *manque* F.

M. Bartsch cite dans sa liste trois pièces de Peire de Valeira :

1. *Ia hom qes vol recrezer* F.
2. *So qu'az autre vei plazer* Dᶜ.
3. *Vezer volgra n'Ezelgarda* F (publiée partiellement par Raynouard, Choix, V, 334, depuis, avec quelques vers de plus, par Mahn,
Werke, III, 305, et complètement par M. Stengel, Chigiana 170).

On voit que de la deuxième pièce nous n'avons, en dehors du premier vers, que deux couplets, et que de ces deux couplets l'un est
identique avec le n° 1 de la liste de M. Bartsch. Ainsi, nous sommes
réduits à ne connaître que deux poésies de Peire de Valeira, ce
qui fait en tout quatre couplets. Les manuscrits DIK lui attribuent
encore la pièce *Lo ioi comens en un bel mes*, mais CEQRbcα la donnent à Arnaut de Tintignac ou Quintenac, et nous n'avons aucune raison, à ce que je vois, pour ajouter plus de foi à l'attribution des manuscrits DIK qu'à celle des autres manuscrits, plus nombreux et moins
apparentés. La tornada, qui contient le nom de Tintinhac, Quintenac,
ainsi que la tornada de *Mout desir l'aura doussana*, semble même
prouver que l'auteur est, en effet, Arnaut.

Ce peu que nous possédons de Peire de Valera ne nous intéresserait
guère [1], si nous n'avions une notice biographique qui dit ce poète contemporain de Marcabru :

[1] Il faut pourtant dire que la pièce *Vezer volgra n'Ezelgarda* est l'œuvre d'un homme d'esprit et ne manque pas d'originalité. Pour réunir
ici tout ce que nous avons de ce poète, je réimprime ces vers :

Vezer volgra n'Ezelgarda,
qar hai de morir talen,
e pesa mi qe trop tarda,
tant lai morrai doussamen,
5 qe tant gent ri ez esgarda
q'ell' auci iogan rizen.
laisat hai eu en regarda
per ma mort son bel cors gen,
e qar es de prez conplida
10 e qar m'enoia ma vida,
lai irai morir breumen.

Peire de Valeira si fo de Gascoingna, de la terra d'en
Arnaut Guillem de Marsan. Joglars fo el temps & en la sazon
que fo Marcabrus ; e fez vers tals com hom fazia adoncs, de
paubra valor, de foillas, e de flors, e de cans, e[1] d'ausels. Sei
cantar non agren gran valor ni el (Hist. de Languedoc, X, 217).

Cette notice ne peut pas être tirée des quatre couplets que nous
avons. L'auteur a-t-il donc utilisé des sources que nous ne connaissons pas ? C'est bien douteux. La notice se trouve dans IK, c'est-à-
dire dans les manuscrits qui attribuent à Peire de Valera la poésie
d'Arnaut de Tintinhac dont nous avons parlé. Or cette poésie correspond tout à fait au genre qu'aurait cultivé, au dire de la biographie, Peire de Valera. Il se peut fort bien que le biographe n'ait eu
d'autre fondement pour son opinion sur les poésies de Peire que cette
seule pièce et qu'il ait fait ce poète contemporain de Marcabru, parce
que cette pièce lui semblait avoir le caractère des poésies de ce temps.
La pièce d'Arnaut *Mout dezir l'aura doussana* est bien aussi un *vers
de foillas e de flors e de cans d'ausels* et, en effet, elle se trouve attribuée à Marcabru dans le ms. D.

Mais le biographe dit encore que le poète était de la Gascogne, du
pays d'Arnaut Guillem de Marsan. Cela ne veut pas dire que Peire
ait été contemporain d'Arnaut en même temps que de Marcabru, car
Arnaut Guillem semble, décidément, bien postérieur à Marcabru.
C'est ce qui résulte des paroles de Raimon Vidal, Bartsch Denkmaeler 168, 22, où il est cité parmi d'autres seigneurs de la fin du XIIe siècle. L'auteur de la biographie n'a donc pu vouloir donner autre chose,
paraît-il, qu'une notice géographique. Le pays de Marsan est un « pays
de l'ancienne Gascogne, auj. dép. des Landes, formé à peu près du
bassin supérieur de la Midouze » (Joanne, Dictionnaire IV, 2507). C'est

---

[1] Supprimer cet *e* ?

A Deu prec qe mon cor arda,
s'amet hom tan finamen,
q'en lei non voill metre garda
15   mas sa valor en son sen ;
e cel qui sa ioia agarda,
non ha ges fol pensamen,
e cel qui son fin prez garda,
non fa ges gran fallimen ;
20   e qar mei oill l'an chausida,
a Deu prec que mi don vida
per servir son bel cors gen.

14, 15. Je ne comprends pas ces deux vers.

donc là qu'il faut chercher Valera' ou Valiera ou Valeira. Ce n'est
pas l'opinion de M. Chabaneau, qui dit (Hist. de Languedoc X, 373):
« Cette localité devait se trouver près de Podensac et de Saint-Macaire
(Gironde) cf. Archives historiques de la Gironde, t. II, p. 161. » M. Chabaneau, qui rejette ainsi tacitement l'indication du biographe, n'a,
sans doute, trouvé aucun Valiera dans le pays de Marsan, et je n'ai pas
été plus heureux. Il est vrai qu'Arnaut Guillem a pu avoir des posses-
sions sur les bords de la Garonne. Mais y a-t-il des documents historiques qui nous le fassent supposer ? Et, si non, doit-on attacher
assez d'importance aux paroles du biographe pour faire une telle
hypothèse ? Je ne le crois pas.

Nous serions fixés sur l'époque où vivait Peire de Valera, si nous
trouvions dans l'histoire la dame Ezelgarda à qui s'adresse la seconde
pièce du poète. Je ne l'y ai pas rencontrée.

Quant à la forme métrique, la pièce *So q'az autre vei plazer* a le
compas :

$$a_7 \ b_6 \ b_5 \ a_7 \ c_5 \ d_7 \ d_8 \ c_5 \ e_7 \ e_7 \ f_7,$$

La rime *b* seule est féminine.

Vezer volgra n'Ezelgarda : a b a b a b a b c C b, vers de sept
syllabes, *a* et *c* sont féminines, *C* est refrain.

Parmi les poésies des troubadours qui nous sont parvenues, il n'y
en a aucune qui ait exactement la même forme que celles-ci.
Mais il y en a quelques-unes qui en approchent. Pour le premier
compas on peut comparer Gausbert de Pueicibot 6 : $a_7 \ b_7 \ b_7 \ a_7 \ c_7 \ d_7$
$d_5 \ c_7 \ d_8 \ e_8 \ e_7 \ f_5 \ f_7$ ou a b b a c d d c e e f f, forme qui se trouve
plusieurs fois avec des vers de 7 syllabes (Raimbaut de Vaqueiras 18
Peire Cardenal 28, Bertran Carbonel 7, Guillem del Olivier 44, 73).
Au compas de l'autre pièce correspond le plus exactement Bernart de
Ventadorn 44 : $a_7 \ b_5 \ a_7 \ b_5 \ a_7 \ b_5 \ a_7 \ b_5 \ C_6 \ c_6 \ c_7 \ b_5$ (*a* et *b* féminines)
imité par Peire Cardenal 25, et Peire Bremon 9. Une forme analogue,
mais sans *b* à la fin : ab a b a b a b c c se rencontre quatre fois avec des
vers de 7 syllabes : Bertran d'Alamanon 15, Guiraut Riquier 65,
Peire Cardenal 70, Sordel 1. Le genre des rimes change ; *c* est refrain
dans les trois dernières pièces.

On voit que les poètes qui se sont servis de formes semblables à
celles employées par Peire de Valera, appartiennent à une époque
postérieure à Marcabru.

RAIMBAUT D'AURENGA

Grundriss n° 389, 4. — Ms. a 208.

Comme cette pièce est assez difficile à comprendre, je vais, pour ne pas prévenir le jugement du lecteur, commencer par en donner un texte diplomatique, qui sera suivi d'un essai d'interprétation.

Al prim qeil rim. sorzen sus. pel cun prim fueilla. del brancail. sagues raizon feir vn bon vers. pos ma dona nouol. qun chan. 5. mais de leis. nil ven a talan. e chanz damor non es faitz. noual plus con ses domna amors.

Con a lei platz. non dic plus. senes tot mames ill. 10. e *per* dieu si es ben en vers. qe non auz chantar. de enan. de lei vas cui sui voitz denjan. e cels qieu pietz voil. fers. estraig. er donc oi mais voigz mòs chantars.

15. Faig virol segle de mon vs lauzengier. fals defaig volpill. ai can nauran. ia damors ters. ab lur chan. parlar deuinan. *per* lur ditz. van domnas duplan. 20. e an mortz drutz ses colp atraig souen. *per* lur fals deuinars.

Cant cist fut mit maluatz. *per* vs chanton de solatz. em *per* il qe dizon. de tort en trauers. 25. de cels que lur er en semblan domnes vers qieu entenda tan. cil domna cuig en tot (trasig) trasaig. que sos amics aia espars.

Rics hom torna tost en raus. 30. can sufre. com se merauill. qe nom saus sa maizon fair fers. de cels qi venon corteian. ges non an colpa cil co fan. qel segnier nes de tot forfagtz. 35. a cui en couen castiars.

Une deuxième main a écrit: 1. au-dessus du *r* dans *rim* un signe que j'ai lu *t*. — 2. au-dessus de *un* (dans *cun*) *im*, en mettant deux points au-dessous de *un*. — 6. *si* au-dessus de la ligne avec renvoi après *chanz* — 7. *o* dans *amors* a été changé en *a*. — 11. *r* entre *de* et *enan*. — 13. *i* dans *pietz* n'était pas clair ; il a été tracé une seconde fois par la deuxième main. — 22. Au-dessus du premier *t* dans *fut mit* la deuxième main a fait un signe qui me paraît être une croix.

Al prim qe·il tim sorzen sus
pel cim prim fueilla del branquil,
s'agues raizon, feir' un bon vers,
pos ma dona no vol q'eu chan
5   mais de leis ni·l ven a talan,
e chanz, si d'amor non es faitz,
no val plus con ses domna amars.

Con a lei platz, no·n dic plus ;
senes tot..... m'a mes ill ;
10   e, per Dieu, si es ben envers
qe non auz chantar derenan
de leis, vas cui sui voitz d'enian;
e cel q'ieu pietz voil fers es traig.
er donc oimais voigz mos chantars ?

15   Faig viro·l segle de mon us
lauzengier fals, de faig volpill.
ai! can n'auran ia d'amors ters
ab lur chan-parlar devinan!
per lur ditz van domnas duplan
20   e an mortz drutz, ses colpa traig
soven per lur fals devinars.

Cant cist furmit malvatz per us
chanton de « solatz em peril »
(qe dizon de tort en travers
25   de cels qe lur er en semblan :
« domn' es vers q'ieu entenda tan »),
cil domna cuig' en tot trasaig
qe sos amics aia espars.

Rics hom torna tost en räus,
30   can sufre c'om se meravill
qe....................
de cels q'i venon corteian.
ges non an colpa cill q'o fan,
qe·l segnier n'es de tot forfagtz
35 · a cui en coven castiars.

1. M. Bartsch, dans sa liste, a lu *cim*, mais ce mot est impossible, puisqu'il se trouve au vers suivant. Je ne sais ce que pourrait être *rim*. Dans *tim* on peut voir le nom de la plante thym. L'Elucidari a *thimi*, mais il y a *tim* en provençal moderne, *timo* en italien, etc. Si l'on voulait corriger autrement, on pourrait lire *vim*, en pensant à la pièce d'Arnaut Daniel : *Chanson do·il mot son plan e prim Farai puois que bctono·il vim.*

Il manque une syllabe à ce vers.

8. Une syllabe manque ; lis. *no·n dic ren plus.*

9. Lacune de deux syllabes difficile à remplir.

13. « Et ce fer que je veux le moins a été lancé »? Cela ne satisfait guère.

19. « Sur leurs paroles les dames usent de duplicité » ou « par leurs paroles ils rendent doubles les femmes » ?

22. Il paraît évident qu'au lieu de *fut mit*, il faut lire *furmit*, ce qui serait à traduire par « accompli ».

27. *trasaig* est cité par Diez, Etym. Wörterbuch II⁶, entresait : « *a totz trazagz* braucht ein Troubadour. » Je ne sais dans quel troubadour Diez a trouvé cet exemple, mais l'existence de ce mot, qui manque dans Raynouard, est certaine.

28. *esparser* sans régime : elle croit que son ami ait répandu (ce que le lausengier prétend avoir entendu).

29. *räus*, substantif verbal de *räusar*, v. fr. *rëuser*, manque dans Raynouard.

31. Je ne comprends pas ce vers, mais le sens de tout ce passage semble être : « Un homme riche ne doit point souffrir qu'aucun reproche fondé soit répandu contre sa maison par ceux qui viennent à sa cour. » Cet exemple de *corteiar* dans l'acception « visiter la cour de qu. » est à ajouter à celui de M. Lévy dans le *Supplementwörterbuch*.

La traduction de la pièce serait donc :

« Dès que les thyms élèvent par leurs minces pointes la feuillée des scions, je ferais un bon vers, si j'en avais *raison;* (mais je n'en ai pas) puisque ma dame ne veut ni n'agrée que je chante désormais d'elle, et chanson, à moins de traiter d'amour, ne vaut pas plus qu'amour sans dame.

» Comme il lui plaît, je n'en dis plus rien. Elle a fait que j'ai tout à fait cessé de chanter (?) Et pourtant c'est, par Dieu, bien à l'envers du bon sens que je n'ose plus chanter d'elle, vers qui je suis dépourvu de fraude..... Mon chant sera-t-il donc désormais vide ?

» Qu'ils dussent voir le monde fait d'après ma manière, les faux couards calomniateurs! Ah! combien d'amants ils ont déjà privés d'amour avec leur chant-parler médisant! Sur leurs paroles, les dames usent de duplicité et ont tué leurs amants, qui, par leurs fausses insinuations, sont souvent trahis sans être coupables.

» Quand ces accomplis coquins coutumiers chantent de « *soulas* en péril! » — car ils parlent de tort et de travers de ceux dont bon leur semble, [en disant:] « Dame, il est vrai que j'entends ceci » — cette dame croit certainement que son ami ait répandu (ce que les calomniateurs prétendent avoir entendu).

» Un homme riche se fait vite mépriser, s'il souffre qu'on s'étonne de ce que sa maison (soit justement blâmée?) de ceux qui viennent y faire leur cour. Ceux qui la blâment ne sont point coupables, car le seigneur qui mérite de tels reproches est tout à fait dans son tort. »

Grundriss, n° 389, 30. — Ms. a 188

Joglar, fe qe Deu dei,
a Dieu ni a ma donna ni a mei,
qazutz son en esfrei,
q'armad' ab cor non vei
5   lieis a cui totz m'autrei
per ar e per totz temps.

E serem mais ensems?
eu sai q'o tol, ma domna, qar trop tems.
s'un oil me·n fus redemps
10   q'eu no·m temses........
sol vos, se·n era semps,
meins no me·n presasetz.

C'anc fams ni sons ni setz
no·m destreis tan, uns ni tuig, millia vetz
15   con fai mos telans freigtz;
q'em breu.............
car vos non vei, cui letz
de sofrir mom perill.

A, domn' ap cor volpill,

4. Qarmatz. — 10. temsessa tremps. — 16. deuenter abretz.

20　　gran paor ai qe·il bocha me rovill,
　　　qar del col tro al....
　　　no·us bais, qi qe·n grondill,
　　　q'eu n'iria en eissil
　　　enanz c'autra·m baizes.

25　　E co? morrai ades,
　　si·m cocha·l bes q'eu n'aic qe luec tornes.
　　　a, domn', al plus confes
　　　ome qez anc ames,
　　　acorres, si qe pres
30　　de vos sia mos cors!

　　　Ai, talens, car no mors?
　　e seignier Dieus, gitasses lo tost fors!
　　　o q'il.sembles ma sors
　　　a cels qe sabo·l destors,
35　　si qe nostre demors
　　　fos per totz acuillitz.

　　　Domna, no·m faz marritz
　　per qe·m tegnia de vos per eschernitz,
　　　mas qar lur falz critz
40　　dels enoios traïtz
　　　teme tant, son eissitz
　　　del bon sen c'aver soill.

　　　Per l'espavent mi doill,
　　e pel gran be qu'aüt n'ai fatz orgueil
45　　si q'ieu non deing mon oill
　　　girar ves autre foill,
　　　qar mos cors no m'acoill
　　　q'ieu ves vos mi renei.

　　　Domna, si lai on soill
50　　no·us vei, em breu·m renei.

　　　Far m·en podes orgoill,
　　　q'ans morrai qe·m renei.

21. cuill. — 26. qel l. — 29. A cortes. — 39. qat *avec un point au-dessous de* t *et* r *au-dessus.* — 44. fait. — 50. v. breu em r. — 52. Qant m.

4. Ms *armatz*, mais il paraît cértain qu'il faut corriger *armad'*, « parce que je ne vois armée de courage celle... »

8 ss. « Je sais que ce qui nous en empêche, c'est que tu as trop peur. Si un œil m'en fût enlevé, (certainement) que je ne craindrais pas....., pourvu seulement que vous ne m'en estimassiez moins si j'en étais privé. » Mais qu'est-ce que *tremps* ou *atremps?*

15. *telans*, il faut corriger, sans doute, *talens*.

16. Une syllabe de trop ; lis. *devenrai bretz*.

20. *Rovillar* « rouiller. »

21. *Cuill*, lis. *cill ?*

34. Une syllabe de trop. *A* est superflu : « ou qu'elle semblât être ma sœur à ceux qui savent le détournement(?) » ; *destors*, substantif verbal de *destorser*, manque dans Raynouard et au *Supplementwör-terbuch* de M. Levy.

39. Manque une syllabe.

Grundriss, numéro 389,37. Ms. a 198.

Pos trobars plans
es volguz tan,
fort m'er greu si no·n son sobrans ;
car ben pareis
5   qi tals motz fai
c'anc mais non foron dig cantan,
qe cels c'om tot iorn ditz e brai
sapcha, si·s vol, autra vez dir.

Mos ditz es sans,
10   don gap, ses dan.
per tal ioi soi coindes e vans,

5. Qal mot, *la deuxième main a mis un point au-dessous de la première lettre et* qit *au-dessus*. — 9. sanz.

qe mais val neis
desirs q'ieu n'ai
d'una qe anc non ac semblan,
15   pels sainz c'om qer e Verzelai,
d'autre ioi c'om puesca iauzir.

Son ben aurans
car per talan
solamen so francs et humans
20   de dir ves leis
ben, ni·m fas gai.
qe·m val si per lieis trag mal gran,
si lo mal qe·n trac no sap lai?
mi eis voil d'aitan escarnir?

25   Ben so trafans,
q'eu eis m'engan,
car dic aiso, tan qe vilans :
cals pros me creis,
si eu mal trai
30   per lieis, s'il no sapia l'afan?
no m'es doncs pros e be no·m vai
si·m pens qe tan ric ioi desir?

Mos volers cans,
qe·m sal denan,
35   me fai creire qe futz es pans.
tan aut m'espeis
mon cor, c'ar sai
qe en fol m'aurei, don faz l'efan.
tot voll cant vei. respeit segrai.
40   respeitz loncs fai omen perir.

Sainz Julianz,
con vauc torban!
soi serrazis o crestians?
qals es ma leis?

14. non a s. *corrigé par la deuxième main en* nom ac s. —15.
Peis; uuerze lai. — 41. vilians.

45   non sai qe............

.................·

et atrestan tost Dieus, si·l plai,
co fes vin d'aiga esdevenir.

Pauc soi certans.
50   ves qe·us reblan,
domna, de vos so molt londans.
anc no·m destreis
amors tan mai,
per q'ieu non creiria d'un an
55   c'aissi·us ames per negun plai,
si bes no m'en degues avenir.

...... e ma chanso vos man
qe.....................

....

45, 46. Non sai que iai. Me posca de so qil deman. —51. vous. —
57. *Le premier mot, un senhal sans doute, n'est pas clair. J'ai lu*
A.trius, *mais sans être tout à fait sûr d'avoir bien déchiffré. Entre*
A *et* t *il y a encore une lettre, à peu près un* e *avec une cédille.* —
58, 59. Qe dos sautz sis rics ar es sai. Lo ters aut on plus pot
om dir.

15. *Verzelai,* Vezelai, voy Girart de Roussillon, laisses 612, 640 ss.
à 675.

18 ss. Construire : *francs et humans so e·m fas gai solamen per*
talan de dir ben ves lei.

38. *aureiar* comp. *essaureiar* Rayn. Lex. II. 148.

42. On peut corriger *co·m,* mais *con* suffit bien aussi.

45 ss. Le sens semble être à peu près: « quelle est ma religion ? Je
ne sais. Je suis de celle qui pourra me donner ce que je lui demande.
Et Dieu peut le faire, si cela lui plaît, aussi bien qu'il fit de l'eau de-
venir du vin. » Ce qui s'approcherait le plus de la leçon du manuscrit,
serait peut-être : Qals es ma leis ? — non sai. — qe iai·m posca dar
de so qil (= qe·il) deman ! — et atrestan pot Dieus, si·l plai, co....

52 ss. « Jamais amour ne me contraignit si fort ; c'est pourquoi je
ne crois pas, si aucun bien ne m'en arrive (c'est-à-dire de mon
amour présent), que je puisse, pour aucun *plait,* vous aimer autant
pendant toute une année. »

56. Une syllabe de trop ; lis. *venir.*

58 s. Je ne comprends pas.

L'histoire amoureuse de Raimbaut d'Aurenga n'est pas encore
écrite et il ne sera pas possible de l'écrire avant d'avoir accompli la
tâche difficile d'établir le texte critique de ses poésies.

Que ces trois pièces appartiennent à Raimbaut, ce n'est guère douteux. Elles sont tout à fait dans son genre, et elles nous offrent plusieurs rapports avec ses autres poésies. Dans la première pièce le
poète parle d'une défense, que sa dame lui aurait imposée, défense
de chanter d'elle. Cette défense, ou, plus exactement, un engagement
général du poète vis-à-vis de sa dame de ne pas chanter, se trouve
aussi mentionnée dans les premiers vers de

> *Peire Rogier, a trassalhir*
> *m'er per vos los dilz e·ls covens*
> *qu'ieu fis a midons totz dolens,*
> *de chantar que·m cugey sofrir.*

La fin de cette pièce parle de *Bon Respieg.* Il s'ensuit, à ce qu'il
semble, qu'*Al prim qe·l tim* appartient au petit nombre de poésies qui
se rapportent à l'amour de Raimbaut pour cette dame *Bon Respieg.* J'ai
déjà remarqué, dans mon édition de Peire Rogier, p. 79, que ce nom
se retrouve dans *Un vers farai de tal mena.* On peut se demander
aussi s'il n'y a pas une allusion à ce senhal dans notre troisième
pièce v. 39, 40.

Le commencement de cette troisième pièce parle du *trobar plan.*
La question s'il faut donner la préférence au *trobar plan* ou au *trobar
clus* tient fort au cœur de Raimbaut. Elle formerait même l'objet
d'une tenson entre Raimbaut et Guiraut de Bornelh, si l'ingénieuse
hypothèse de M. Kolsen répondait à la vérité, d'après laquelle Linhaure
ne serait aucun autre que notre Raimbaut.

La seconde pièce s'adresse à *Joglar.* C'est un senhal bien connu,
qui se retrouve dans les pièces 1, 11, 16, 18, 19, 20, 27, 33, 39 de la
liste de Bartsch. Quand on lit dans la tornada d'*Ab nou cor et ab nou
talen* (M W ɪ, 67):

> *Dieus guart ma domn'e mon Joglar*
> *e ja mais domna no·m prezen,*

ou dans celle de *Be s'eschai qu'en bona cort* (ms. A n° 93):

> *Joglars, per que·m desazaut,*
> *ma dompna e vos mi fatz baut,*

on croirait que ce senhal ne peut pas se rapporter à l'aimée de Raimbaut, et on pourrait tirer la même conclusion des deux tornadas de la
pièce *Entre gel e vent e fanc* (ms A n° 87, corrigé par C):

1. *Dompna, renovel nostre iais,*
   si·us platz, car si be·m fauc gais,
   ai mains durs doloros pantais.
2. *Joglar, vos avetz pro huei mais,*
   et ieu planc e sospir et ais.

La tornada d'*A ra·m so del tot conquis* (M G 1032) ne nous apprend rien. Celle de *Parliers* (Inedita aus pariser Handschriften, p. 262) fait plutôt penser que Joglar soit la dame aimée, et il n'y a pas de doute vis-à-vis de la première tornada d'*Assatz sai d'amor ben parlar* (M W I, 71):

> *Mas be·l sabra mos belhs Joglars*
> *qu'ilh val tant e m'es tan coraus*
> *que ja de lieys no·m venra maus,*

et des deux tornadas de *Ben sai qu'a sels seria fer* (M G 360):

> *Quan la candela·m fetz vezer*
> *vos baizan rizen, ai! qual ser!*
> *Joglar, ades, matı e ser,*
> *mentira·l* (1. *mentaura·l?*) *cors vostre vezer.*

Si, dans les autres pièces, l'auteur veut faire croire que Joglars et son amie soient deux personnes différentes, ce n'est évidemment qu'une ruse pour égarer les *lausengiers*, ruse, du reste, que Raimbaut n'est pas seul à employer.

D'après la biographie dans N², Joglar serait *una donna de Proensa que avia nom madonna Maria de Vertfuoil* (Hist. de Languedoc, x, 284). Mais quelle est la source de ce renseignement et quelle est sa valeur? Ce n'est guère dans les poésies de Raimbaut que ce biographe a pu s'instruire. Elles ne contiennent aucune indication précise sur la personne de son amie. Pourtant nous y apprenons, peut-être, l'endroit où vivait la dame. La seconde tornada d'*Assatz sai d'amor ben parlar*, adressé, nous l'avons vu, à Joglar, dit:

> *E mos vers tenra, qu'era'l paus,*
> *a Rodes, don son naturaus.*

Rodez ne serait-il pas la résidence de Joglar? Encore une autre pièce est envoyée à Rodez par le poète, ou, plus exactement, il dit qu'il voudrait l'envoyer à Rodez, si ses vers n'étaient pas hostiles à l'amour. Cette fois le senhal Joglar ne se trouve pas dans les vers de Raimbaut, mais il nomme directement la comtesse de Rodez:

E ma chansons, si non fos
alqes ves amor esquiva,
tengra vas Rodes, a vos,
comtessa nominativa,
pros e bella, ab cor verai.
(*Amors, com er?* ms. A n° 86)

Cette comtesse a-t-elle donc été le Joglar du poète? Ce serait alors probablement Agnès, femme d'Hugues II.

Mais le poète aurait été bien indiscret, s'il avait adressé sa poésie publiquement à celle dont il désirait gagner l'amour. Il est vrai qu'il ne s'y vante d'aucune faveur qu'il aurait obtenue, d'aucun espoir qu'il pût avoir. Au contraire, il s'y plaint amèrement d'Amor. Raimbaut n'aurait pas été, du reste, le seul troubadour qui se serait adressé ouvertement à la dame aimée. On n'a qu'à penser à l'autre Raimbaut et à Biatritz. Toujours l'identification de Joglar avec la comtesse de Rodez reste-t-elle bien douteuse.

Et Maria de Vertfueilh donc? Nous ne savons rien d'elle. Même pas où il faut chercher le Vertfueilh dont elle a reçu le nom. D'après M. Chabaneau ce pourrait être Verfeuil dans le Gard, arr. d'Uzès (Hist. de Languedoc, x, 284). Cet endroit a l'avantage d'être assez près d'Orange, mais il est bien loin de Rodez. Il y a encore un Verfeuil-Verfeil dans le dép. Haute-Garonne. Je n'en trouve pas dans l'Aveyron. Mais M. Schultz-Gora a cru avoir des raisons pour douter de plusieurs assertions de la biographie de Raimbaut dans N² (v. Archiv 92, 229). Il est bien possible que la notice sur Marie de Verfueilh ne soit pas plus exacte.

Si nous ne sommes pas fixés sur la personne du Joglar, nous savons au moins que Raimbaut n'a pas perdu ses peines auprès d'elle. La dame a fait présent à son poète d'un anneau (v. *Aram so del tot conquis* M G, 1032, c. 9; *Assatz sai d'amor ben parlar* M W I, 71, c. 7). Raimbaut se souvient du baiser que son aimée lui a donné (*Be sai qu'a cels seria fer* M G, 360, c. 6 et tornadas; *Entre gel e vent e fanc* ms. A. n° 87, c. 3). Mais malheureusement les amants sont entourés de *lausengiers* et le poète est obligé de se tenir éloigné de sa dame (*Ar s'espan la flors enversa* Chrest. n° 19, c. 6 et tornada, *Entre gel e fanc* c. 4, notre pièce v. 30 ss.).

Il est remarquable que toutes les poésies qui se rapportent à Joglar ne parlent que d'un amour récompensé. On peut supposer que ce senhal n'est choisi et accepté qu'après l'accord des deux amants. Il se peut bien que nous possédions des poésies qui s'adressent à la même dame, mais où elle n'est pas désignée par le même senhal. Ce nom paraît, en effet, présumer une certaine intimité. Il ne serait pas étonnant que la dame ait appelé Raimbaut son Joglar, mais c'est la dame qui est appelée Joglar par le poète. C'est ce qui a fait penser à Diez (Leben und Werke [2] p. 56) que nous avons à voir dans Joglar la comtesse de Die, qui adressait son amour et ses poésies à Raimbaut. Mais le poète aurait-il appelé la comtesse son *joglar* ? Peut-être le senhal se rapportait-il d'abord à Raimbaut et fut-il ensuite le nom d'amour des deux amants, ainsi que nous voyons plusieurs fois qu'un senhal servait en même temps pour deux amis ou deux amants. Et nous avons la preuve que Joglar désignait aussi bien le poète que la dame, dans une pièce qui serait d'une grande valeur pour l'histoire de cette liaison, si elle était plus claire. Mais j'avoue que je n'ai pas réussi à en pénétrer le sens, bien que, généralement, les paroles ne soient pas difficiles à comprendre. C'est la pièce *Si·l cors es pres, la lengua non es preza.*

UC DE SAINT CIRC

Valor ni prez ni honor non atrai
a nul home ni prez ni cortesia,
qui bel don dona lai on non s'escai,
anz es tengut per los pros a follia.
5 qui don dona taing qe·l dos aitals sia
con es aqel qe·l don receb e pren;
qui en croi home bel aut ric don despen,
non es grazit, anz s'en fai escharnir
e·ls autres dos q·el dona menz grazir.

1. On ne peut pas laisser subsister *prez* ici et dans le vers suivant. Mais lequel des deux faut-il remplacer, et quel mot parmi ceux qui s'offrent doit-on y mettre? — 3. Ms. *onon*.

Vescoms, mais d'un mes ai estat
qu'avia attendut vostre don,
on avia ades sospeichon,
per que no prendia comiat;
5 mas ara·m di chascus: es vana,
qe no valra una iulana
dons qu'eu n'aia ni vestimenz,

6. Qu'est-ce que c'est que *iulana*? la leçon de ce mot n'est pas douteuse; la première lettre est bien un *i*. — 7. Ms. *qeus naia ia u*.

ni per vos non serai iausenz;
e vos digaz m'en la vertat.

10   N'Ugo, ia no m'en sabretz grat,
     quant venra a la partison,
     qe·us faza ren qe·us sapcha bon
     ni·os done que vailla un dat,
     roncin, denier ni drap de lana,
15   car sai que semblaria ufana,
     qar de vos me fon faiz presenz
     per saber mos captenemenz,
     que eu o ai ben......

10. Ms. *sabret*. — 18. Ms. *espriat*, ce qu'on peut corriger *espiat*
ou *esproat*.

Les couplets d'Uc de Saint-Circ qu'on vient de lire ont une certaine ressemblance. On y reconnaît les mêmes sentiments, sentiments
très intéressés de l'auteur. Nous avons encore une autre poésie
d'Uc, qui offre beaucoup d'analogie avec la tenson *Vescoms*. C'est la
pièce *Seignen Coms, no·us cal esmaiar* (Bartsch, Chrest. ⁴ 160).
Dans l'une et l'autre on voit percer le dépit du joglar qui partira de la
cour du seigneur avec les mains vides. Il n'a pas encore perdu tout
espoir, paraît-il, dans le couplet adressé au vicomte; il ne lui reste
plus, dans l'autre, qu'à se venger par l'ironie, arme, pourtant, que
le comte sait manier aussi bien que le troubadour. Le comte de cette
tenson serait, d'après les manuscrits, le comte de Rodez; le *vescoms*
de l'autre pièce est probablement un vicomte de Turenne. C'est naturellement une erreur, si le Ms. D fait du *vescomte de Torena* l'adversaire d'Uc dans *Seignen Coms*, mais A et D ont probablement
raison en lui attribuant la tenson *En vostr'ais me farai vezer* attribué par I à un *seigner coms*. Uc ne donne à son adversaire d'autre
titre que celui de *seigner* et la pièce ne nous instruit pas sur le rang
de ce seigneur; mais I est seul contre A et D, et ce qui se dit dans la
tenson me semble pouvoir se rapporter au vicomte de Turenne. Uc
assure en ricanant que son adversaire n'osera attaquer les amis du
poète qu'avec le secours du comte Gui (Ms. A n° 524) :

> *ill non an esperanssa*
> *que sobre lor ausetz passar,*
> *si·l coms Gui no·us ven aiudar;*
> *e s'il ven, faitz li fianssa,*
> *mais gazaing si vai en Franssa.*

Puisque le gain s'en va en France, on peut supposer que le comte Gui n'est autre que Gui de Montfort. Nous savons, en effet, que le vicomte de Turenne, Raymond IV, prit part à la croisade du côté des Français (v. 304 de la Chanson, et note de M. Meyer). Il se peut même que nos deux couplets appartiennent à la même époque que cette autre tenson, c'est-à-dire au commencement de la croisade, car le vicomte semble dire dans les derniers vers qu'il tient Uc pour une sorte d'espion qu'on aurait envoyé à sa cour.

Le compas et les rimes de *Valor ni prez* sont empruntés par Uc aux deux premiers couplets de sa pièce *Tres enemics e dos mals seignors ai*. La tenson a le même compas et les mêmes rimes qu'Eble d'Uisel *En Gui, digatz al vostre grat*.

COUPLETS ANONYMES

Les strophes suivantes ont été jusqu'ici laissées enfouies dans les manuscrits à cause de leur malpropreté (v. Archiv. 35, 108 note et Iahrbuch für roman. und engl. Litteratur XI, 2). Il est vrai qu'il n'y a dans ces vers ni beauté, ni esprit. Mais celui qui veut bien connaître la littérature provençale du moyen âge ne reculera pas devant l'obscénité même brutale et insipide, pourvu que les vers où il la trouve soient intéressants sous un rapport quelconque. Et ces méchants couplets ne sont pas dépourvus de tout intérêt. Ils nous donnent l'exemple d'un genre bien rare dans la poésie provençale, de la parodie.

Le premier couplet est une parodie des vers anonymes qui le précèdent immédiatement dans le ms. G et qui ont été publiés dans l'Archiv 35,108 (il y faut ajouter, dans le dernier vers : *ben mel podes* **car** *vendre.*)

Le n° 75 imite la forme et les rimes des deux premiers couplets de Peirol, *Dels sieus tortz farai esmenda.*

Le n° 35 parodie Folquet de Marselha, *Amors, merce! non moira tan soven*, et particulièrement le cinquième couplet de cette poésie, qui commence *A vos volgra mostrar lo mal q'eu sen.*

On ne peut pas séparer de ces trois couplets un autre qui se trouve sur la même page du ms. G, la parodie de la belle pièce de Bernart de Ventadorn, *Quan la douss' aura venta.* Cette parodie a déjà été publiée d'après le ms. J dans la *Rivista di filologia romanza* I, 44.

Grundriss 461,82 — Ms. G 129

Deu vos sal, dels pez soberana,
e vos dun far dui tal sobre semana
c'audan tut cil qe ve veiran veder.
e qan verra los endeman al ser

2. lis. *dos tals.* — 3. lis. *vos venran veder.*— 4. Faut-il corriger *venra la domenga* (opposée à *semana* v. 2)? Il ne vaut pas la peine de s'y arrêter. — 5. *ve·n* = *vo·n.*

5 ve·n posca un tal aval pel cors descendre
   qe·os faza·l cul e sarar e'sconscendre.

N° 461,75. – ibid.

Del cap li trarai la lenda,
sill plaz, e·ill pioll del sen,
pero qe no·s escoissenda
lo cor, qi es blanc e len.
5 e portarai li del fen,
qand ira far sa faiscenda,
qe la camisa no s'esprenda.

1. *Lenda* « lente. » — 4. *cor* n'est peut-être pas à changer en *cors*,
mais en *cuer* ou *coir* ou quelle que soit la forme de ce mot que l'auteur ait pu employer. — 7. Une syllabe de trop, lis. *no·s prenda?*

N° 461,35. — ibid.

A vos volgra metre lo veit qe·m pent
e mos coillos desobre·l cul assire ;
eu non o dic mais per ferir sovent,
car en fotre ai mes tot mon albire,
5 qe·l veit chanta, qan el ve lo con rire.
e per paor qe no i venga·l gelos,
li met mon veit e ret.. los coillos.

7. Ms. *retes*, mais les dernières deux lettres sont écrites avec de
l'encre plus pâle. Lis. *retenc?*

N° 461,202. — ibid.

Quand lo pel del cul venta
dond midonz caga e vis,
donc m'es vis q'eu senta
una pudor de pis
5 d'una orrida sancnenta,
qe tot çorn m'escarnis,

qe mais es de pez manenta
qe de marabotis,
e qand ias so pis
10 plus put d'autra serpenta.

1. Lis. *pet(z)?* mais *pel* est aussi dans J ; *v.*] *li uenta* J. — 2. J
offre *A midons que quagueuis*, ce qui fait supposer à M. Harnisch,
certainement à tort, un verbe *cagevir* (Altprovenzalische Praesens
und Imperfectbildung, p. 275). Voir l'interprétation de ce vers Zeitschrift XV 542. — 3. Une syllabe manque ; lire avec J : *Veiaire
m'es.* — 4. *Huna gran p.* J.— 5. *sancneta* G ; *Duna ueilha mer-
dolenta* J. — 7. Une syllabe de trop ; lire avec J : *Qu'es plus
de p. m.* — 8. *Qu'autra de m.* J. — 9. Une syllabe manque ; il
faudra remplacer *ias* par quelque mot de deux syllabes. J offre,
pour v. 9 et 10 : *E quaga mais en tres matis. Qu'autra no fai en
trenta.*

———

Je ne sais pas si la pièce qu'on va lire est aussi une parodie. Si
c'en est une, nous n'avons plus le modèle. Du moins je ne connais
aucune poésie de la même forme. En marge, à la hauteur de la première ligne, il y a écrit *t'bolet*, rayé plus tard avec de l'encre rouge.

Grundriss, 461,241. — Ms. G. 128.

U fotaires qe no fo amoros
de neguna, mais que foter volria,
esta toz iurns areiz e voluntos
de fotre celes qe fotre poria.
5 tal voluntat a de fotre tot dia
q'en Es-fotanz se clama,
fotaire las dolens çaitiu,
e dit qe mal mor e peiz viu
qi no fot le qi ama.

10 Lo fotaire es tant de fotre angoxos,
com plu fort fot, mor fotant de felnia
qe plu no fot, q'el fotria per dos
de fotedors miior de Lombardia,

q'en fotant dis : « gariz so, se fotria. »
15   en Es-fotanz se clama,
fotaire las dolens çaitiu,
e dis qi no fot qe mal viu
noit e çorn le qe ama.

3. Voici l'origine de l'exemple *d'areis* dans le Lexique roman, II
117. Raynouard a bien traduit : « en érection » = erectus. Il faut donc
rectifier ce qu'a dit Levy de ce mot dans son Supplement wörterbuch
— 8. corr. *dis.* — 13. *miior = melhors.* — 14. ms. *qariz.*

CORRECTIONS

La publication de ces poésies a, lorsqu'elle paraissait dans la *Revue des Langues romanes*, été l'objet de quelques critiques de M. Levy (Zeitschrift xv, 587 ; xix, 466) et de M. P. Meyer (Romania xx, 321 ; xxvi, 473). On aimera à trouver ici les corrections que je dois à ces critiques et auxquelles j'ai peu à ajouter.

P. 2, l. 22. M. Levy propose, avec raison, je crois, de lire *fo amaestraire* au lieu de *fo a maltraire*. — Enseignement de Garin le Brun, v. 40. M. Levy : « Il n'y a rien à corriger, *despessa* est = *despensa* ». — V. 50. M. Levy suppose, sans nécessité, peut-être, une lacune après ce vers. — V. 104, l. *aquesto sermo*. — V. 122, corr. *cortesia's gardes*. — V. 340, lire *a non-at* (voir la remarque de M. Chabaneau). — V. 398. M. Levy propose ingénieusement : *don sos preç sia maire (maire* = major). — V. 453 s. M. Levy : *L'us n'a una partida, a l'autr'es escarida.* — V. 510. M. Levy : *can se met en viltat, envilis sa beltat.* — V. 554. M. Levy propose de lire : *Ja no'n agas vos re,* et de traduire *aver* par « apprendre » : « Quand même vous n'en apprenez rien, votre nom en sera connu. » Je ne suis pas persuadé. Le sens d'*aver*, s'il signifie « apprendre », doit être « tirer connaissance » plutôt que « recevoir connaissance », et cela ne satisferait pas ici. Il sera plus simple de lire *aujas* au lieu d'*agas* : *Ja no'n aujas vos re, vostre noms n'er saupuz.* — P. 31, v. 4. M. Meyer complète le vers par *Ma terra*. C'est possible ; mais on pourrait remplir la lacune aussi bien par *Mon aver* ou autre chose. Je préfère, dans un tel cas, de laisser le texte incomplet. — V. 19. Selon M. Meyer, *sostrenz* doit être corrigé *sofrenz*, ce qui me paraît bien douteux. — P. 32, l. 18. Lire Azemar Jordan au lieu de Raimond Jordan. — P. 33. v. 15 et v. 17. Je ne sais comment j'ai pu ne pas voir tout de suite qu'il faut couper *s'aissi es*. Quelle excellente occasion pour une des gracieuses remarques dont M. P. Meyer a l'habitude d'agrémenter ses critiques ! Il s'entend qu'il en a profité. — P. 36, première ligne. Lire : Rayn. V, 145 au lieu de : Rayn. 55, 14. — Ib. v. 4. Lire *qu'e*. — V. 12. virgule après *pren*. — V. 23 s. M. Levy veut ponctuer : *quant li plai que 'm faz' auzir* : « *aitals domna vos saluda* ». Je doute que ce soit la bonne interprétation. — P. 45. v. 57. M. Levy propose : *que goteta los fic*. — P. 77, v. 40 Faut-il couper *a valea?*

TABLE DES POÉSIES

PAR ORDRE ALPHABÉTIQUE DES AUTEURS